言いたいことが伝わる

上手な

「うまいね」と
ほめられる！

文章の書き方

安藤智子
Ando Tomoko

はじめに

人は見た目が9割!?
ネットの世界では、外見よりも言葉が大事!

● 言葉が訴えかける力

「人間、中身が大事だが、外見はもっと大事だ」とする説があります。その人の印象を決定づけるものは顔かたちや服装であり、見た目の良し悪しが仕事や人間関係に多大な影響を及ぼすというのです。

たしかにそのとおりだと思います。会った瞬間、ぱっと見の印象で「好き／嫌い」を決めていたり、仕事の能力を推し量ったり、恋愛の対象となるかどうかをジャッジしたり、あるいはされたりというのは、誰もが日常的に経験していることでしょう。

いっぽうで、メール、ブログ、フェイスブック、ツイッターといったネットコミュニケーションは、基本的に非対面型コミュニケーションで成り立っているので、どんな顔でどんな服装をしているかが問われることはほとんどありません。プロフィール写真に目がいくこともありますが、それはあくまでも参考材料です。

ネットの世界では、外見よりも言葉のほうが、訴えかける力は強いのです。私たちは、言葉を通じて意思疎通をはかるとともに、お互いの人柄や相性を読み取り合っています。ちょっとした一言で、「好き／嫌い」の感情が左右されることもあります。

● 読む人にきちんと伝わるように書く

SNS（ソーシャル・ネットワーキング・サービス）を活用し、「多くの人とつながりたい」「好かれたい」「わかってもらいたい」とい

2

う思いを叶えるには、どうすればいいかというと——

①「親しみを感じさせる身近な話題を取り上げよう」

②「ネガティブな内容はポジティブに言い換えよう」

③「人の関心を惹くキーワードをちりばめよう」

　ハウツー本の多くが、そう指南しています。自分が書きたいことを書くのではなく、相手がどんなものを読みたがっているかを推測しながら書くと良いのですね。

　私もそうしたことを意識しながら書くようにしていますが、それとは別に、決して忘れてはならない大切なことがあると肝に銘じています。

　その忘れてはならないこととは、「読んでくれる人にきちんと伝わるように、明快に、わかりやすく書く」ことです。何を伝えようとしているのかよくわからない文章では、読む人に負担をかけ、そっぽを向かれてしまうでしょう。

　自分が伝えようとしていることは何なのか、まずは自分自身がしっかりと把握しなければなりません。とらえどころのない気分や感情、まだ形の定かでない思考といったものに輪郭を与える必要があるのです。

●目指すは、見た目も中身も素敵な「イケてる文章」！

　言葉を使わずに思いや考えをまとめることはできません。また、文章をつくることもできません。

「うれしい」とか「ムカつく」とかいう一語にも、その裏側に何通りもの感覚、感情、意味が隠れています。それを引っ張り出しまし

3

ょう。その時々の自分の思いや考えを表すのに最も適切な言葉を探しだし、文を組み立てていきましょう。

　言葉の選び方が粗いと、文全体がごつごつした印象になります。

　言葉を厳選し、あるべきところにあるべき語をぴたっとはめれば、「見た目も中身も素敵！」と褒めてやりたい文章になります。

　そのような文章であってはじめて、先の３つの教えが活きるのだと思います。

●文章の病は、治ってもまたぶり返す

　相手が喜んで読んでくれる文章を発信する秘訣、その第１は、言葉を使って思いや考えをしっかりと組み立て、意味の通じる文にしていくことです。

　しかし、これがなかなかむずかしいのです。慎重に言葉を選び、順序よく組み立てたはずが、完成間際になって土台の歪みに気づくなんていうことがよくあります。気づかずに、そのまま使っていることもあります。

　自分がどこをどう間違えたのか、案外気づかないものです。間違いを指摘されて恥ずかしい思いをしても、時が経てばケロリと忘れ、同じ過ちをおかすことになりがちです。

　これまでに延べ100名以上の方の原稿を書き直してきた私の経験からいって、人は自分の間違いをなかなか認めようとしません。誤字脱字や言い回しのおかしな点など改善ポイントを指摘すると、その場は納得してくださるのですが、次回の原稿ではまた同じような誤字や語句の誤用が多く見られ、相変わらず意味不明の文を書き連

ねているという例は実に多いのです。

「病はぶり返す」と心しておくのが賢明です。心したうえで、何をすべきか。自分の欠点は見えにくいのですから、「人のふり見て、我がふり直せ」でいくしかありません。

● 人のふり見て、我がふり直せ

最初から完璧な文章を書こうとする必要はありません。とりあえず書いてみて、推敲し、直したほうが良い箇所を直すことができるようになればいいのです。

最も大切なのは、「直す方法を知る」ことです。自分が書いたものをどのように直せば良いかを知る方法として、他人が書いた文章をリライトしてみることをおすすめします。

他人の文章をより良い文章に書き直すことができるようになれば、自分の文章を直すことなど簡単にできるようになります。そして、病はもうぶり返しません。思いのままに言葉を操り、「読ませる」文章を綴ることができるようになります。

そこで本書では、読者のみなさんに「他人のあら探し」をしていただこうと思っています。さまざまなタイプの悪い例を列挙してまいりますので、「この文章のどこがどう悪いのか」という点を意識しながら読んでいただくと良いですね。

問題点が明らかになったところで、適切な改善方法を示していきます。たとえばどんな方法があるかというと――

「文章の骨格の歪みを正す」

「ムダな言葉を削ぎ落としてシェイプアップをはかる」

「文章の関節が滑らかに動くようにする」

　などで、「こんな症状のときは、この方法で直すとぐっと良くなる」ということがおわかりいただけるはずです。

　適切な改善策を施すと、あらが目立つ文章も、ぐっと見栄えのする素敵な文章になります。その手法をぜひ、あなたもマスターしてください。

　筆力向上をはかり、より楽しく充実したコミュニケーションを実現しましょう。

2015年10月

　　　　　　　　　　　　　　　　　　　　　　　　安藤智子

Contents

言いたいことが伝わる
上手な文章の書き方

はじめに | 人は見た目が9割!?
ネットの世界では、外見よりも言葉が大事! ……………… 2

MENU1 | Warming Up
第1章 この文章は、どこがおかしい?
理解に苦しむ「悪文」を書き換えてみよう

「誰が何をしたのか」が、わかりにくい文章例 …………… 14
読めば読むほど理解に苦しむ悪文例 …………………… 16
書かれていなければ、読者にはわからない ……………… 19
誤解を誘う、まぎらわしい表現 …………………………… 21
読者の推理によって、意味が変わる文章 ………………… 24

MENU2 | Subject & Predicate
第2章 文章の骨格を整える
主語と述語を明確に示そう

文の基本構造は「顔(主語)」+「脚(述語)」 ……………… 28
骨格を矯正して「胴長短足」文から「脚長」文へ ………… 31
主語と述語をはっきりさせて、背骨の「歪み」を正そう …… 33
一文を短くして、主語と述語の関係を明確にする ……… 40

7

MENU3 | Shape Up

第3章 ムダを省いて、たるんだ文章を引き締める!
人が読みたくなるのは、適度な長さの文

だらだらと長い文章は、読んでもらえない……………………………… 44
主役（主語）がなかなか登場しないと、観客（読者）はイラつく……… 49
「と」を連発すると、うるさい文章になる……………………………… 51
同じ語を繰返すしつこい文章は嫌われる……………………………… 53
一文は短く、簡潔に。ただし、"細切れ"では読みにくい……………… 56
1つの文章は1つの事柄でまとめる……………………………………… 59
話を論理的に展開するには、接続詞や副詞をうまく使う……………… 61

MENU4 | Adjective & Adverb

第4章 わかりやすく、心地良い修飾のしかた
説明がうまい人は、「形容詞」「形容動詞」「副詞」に強い

形容詞は「い」、形容動詞は「な・だ」と覚える………………………… 66
文脈によって臨機応変に「い・な・だ」を変形する…………………… 69
副詞を使って、表現に奥行きを出そう…………………………………… 71
修飾する言葉は、修飾される言葉の近くに置く………………………… 74
くっつきたがっている言葉は隣り合わせに置こう……………………… 77
長い修飾語は先に、短い修飾語は後に出そう…………………………… 79
例外もあるから、長さにのみこだわらないこと………………………… 84
重要なことから先に語るとわかりやすい………………………………… 86

MENU5 | Particle

第5章 「て・に・を・は」を完璧に使いこなす
わずか一文字でも、恐るべき決定力を持つ助詞

「て・に・を・は」は、たった一文字でも大きな違い	90
便利だけれど、どこか引っかかる「で」という言葉	95
意味をあいまいにする「で」の乱用には注意	97
「が」は出番が多いだけに、使うときは慎重に	101
川端康成の「伊豆の踊子」に学ぶ助詞の高度な使いこなし方	106
余計な「の」を削ると、文章の意味がはっきりする	108
「に」と「へ」は似ているけれど、微妙にニュアンスが異なる	111
助詞のおさらい① 「を」「や」「と」の違い	113
助詞のおさらい② 「より」と「から」の違い	116
「など」を使うなら、できれば対象は2つ以上	118
必要な「て・に・を・は」を省くと、話がわからなくなる	120

MENU6 | Conjunction

第6章 接続詞の効果的な使い方
できるだけ「接続詞」を省いてみよう

文章の流れをつくる接続詞の定番20種	126
夏目漱石「猫・草枕・坊ちゃん」と接続詞	128
接続詞のスパイスを上手に利かせるコツ	131
接続詞を削ると、「お子様ランチ」が「大人の味」に	135
「または」と「および」を混同しないこと	140

MENU7 | Comma

第7章 読点ひとつで、文章の意味が変わる
「、」を打つべき箇所、打ってはいけない箇所

読点に強くなる① 「、」を打つ目安 …………………………………… 146
読点に強くなる② 「、」がほしいシチュエーション ………………… 152
読点に強くなる③ 「、」を打ちすぎると読みにくい ………………… 153
読点に強くなる④ 「、」がないと誤読されることも ………………… 154
読点に強くなる⑤ 打つ位置を間違えるとどうなるか …………… 157
「、」「。」「「 」の使い方で文章がわかりやすくなる ……………… 160

MENU8 | Writing style & Dignity

第8章 文章のスタイルと格が決まるポイント!
「文末」が文体を決定づけ、「敬語」が文を格上げする

文章の意味は、文末まで読まないとわからない ………………… 164
「です・ます」「だ・である」の使い分け ……………………………… 165
「美しいです」ではなく「きれいです」が正しい …………………… 168
「すごいおいしい」「おいしかったです」は、少しヘン …………… 171
「ないです」よりも「ありません」が大人の表現 …………………… 175
敬語を正しく使うと、文章の格が上がる …………………………… 178
まずは丁寧語をマスターしよう ……………………………………… 179
失敗しやすいのは、尊敬語と謙譲語 ……………………………… 182
偉そうに聞こえてしまう「へりくだり表現」に注意! ……………… 188

第9章 MENU9 | Literary Style
会話と文章の違いを意識する
はやりの表現に注意しよう

今どきの「ら抜き言葉」は書き言葉では使わない……200
「れ足す」言葉は「ら抜き」言葉の裏バージョン……203
「さ入れ言葉」の「さ」に注意……204
「せる・させる・しめる」はどのように使う?……209

第10章 MENU10 | Expressive power
「うまい」と言われる文章・7つの条件
文章表現力を高めるキーポイントをおさえよう

「うまい」と言われる文章の条件①
言葉の出し惜しみをしない……214

「うまい」と言われる文章の条件②
論旨をはっきりさせる……217

「うまい」と言われる文章の条件③
矛盾することを書かない……218

「うまい」と言われる文章の条件④
あいまいな書き方をしない……220

「うまい」と言われる文章の条件⑤
うろ覚えなら辞書にあたる……223

「うまい」と言われる文章の条件⑥
「くどい表現」はスッキリさせる……230

「うまい」と言われる文章の条件⑦
「手垢のついた言葉」は避ける……232

付録 Appendix | Elaboration
文章を書いたあとは必ず「推敲」を ……………………………… 234

おわりに 他人が書いた文をリライトすると、
文章の達人になれる! …………………………………………… 238

Column
文章が「あなたのイメージ」をつくる ……………………………… 88
人に好かれたいなら、過度の遠慮は禁物 ……………………… 144
文章により、自分の存在を認められることの喜び ………… 212
恋愛スイッチをオンにする文章 ………………………………… 237

カバーデザイン●井上新八
本文デザイン●関根康弘（T-Borne）
イラスト●高旗将雄
出版コーディネート●小山睦夫（インプルーブ）

第1章
この文章は、どこがおかしい?

理解に苦しむ「悪文」を
書き換えてみよう

私たちがふだん目にする
ブログやSNS、雑誌、書籍、新聞にも、
意味がよくわからない「難解な文」が
いくつも見つかります。
むずかしい内容だから理解できないのではなく、
言葉の使い方が適切でないために、
理解に苦しむ文になっているのです。
そういう「悪文」こそ、
筆力向上をはかる良い教材となります。

第1章 この文章は、どこがおかしい？

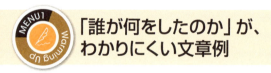

「誰が何をしたのか」が、わかりにくい文章例

　いきなり難問を投げかけて恐縮ですが、あなたは次の文を一読ですっと理解することができますか。

【例文】
　あまり運がなかった人がホームレスが道に空き缶を置いていました、それをかわいそうに思い持っていたお金をいくらかあげたところ、その後すぐにコンビニの抽選クジが当たり、倍の5,000円が当たったとのこと。その人はクジ運が良いほうではないので、びっくりしたとのこと。

Q1 道に空き缶を置いていたのは誰ですか？
　　①あまり運がなかった人　　②ホームレスの人
　　③この文を書いた人
　　（正解はおそらく、②）

Q2 誰が誰にお金をあげたのですか？
　　①あまり運がなかった人 ➡ ホームレスの人
　　②かわいそうに思った人 ➡ あまり運がなかった人
　　（正解はおそらく、①）

Q3 いくらあげたのですか？

14

①5,000円　　②10,000円　　③2,500円

（正解はおそらく、③）

ここが残念！

・最初の１文に、主語が２つ登場しています。（「あまり運がなかった人が」「ホームレスが」）。そのため、「誰が何をしたか」がわかりにくくなっています。

・あげた金額が不明なので、「倍の5,000円が当たった」と言われても、すぐにはピンときません。

【改善例】

　ホームレスが道に空き缶を置いているのを見たある人が、かわいそうに思い、手持ちのお金から、2,500円ほどあげたそうです。すると、その直後、コンビニの抽選クジで5,000円が当たった！　お金が倍になって返ってきたのです。日頃あまり運に恵まれず、クジ運も良いほうではなかったので本当にびっくりした、と語っていました。

解説

・例文の主旨は、「人助けをすると、予想外の幸運が舞い込む」「大切なものを手放してみるのもいいことだ。運が悪いと思っている人にも、思わぬ幸運が舞い込むかもしれない」ということでしょう。

・気が急いたのか、文の冒頭で「あまり運がなかった人が」と結論をほのめかしているため、混乱をきたしてしまいました。その点を改善すべく、「ある人が」と主語を書き換えました。

第1章 この文章は、どこがおかしい？

読めば読むほど理解に苦しむ悪文例

さらなる難問に挑戦してみてください。

【例文】
　読んでみたらこれがなかなかの良書だったので、別種の驚きが湧きました。著者は、これまでに2万人以上の恋愛相談に乗り、現在はその経験から得た知識をもとに作家活動を行なっている方だそうです。このプロフィールからも、嗅覚が敏感な人にとっては怪しげな情報商材的なイキフンを感じ取ってしまって、信用ならぬ、と思ってしまうでしょうけれど、本書は、一般企業の事務職として10年の会社員経験を持つ著者が男性に向けて書く恋愛指南書です。

Q 「別種の驚き」とは、何を指しているのでしょう？
　①著者がこれまでに2万人以上の恋愛相談に乗っていたこと
　②著者が10年の会社員経験を持っていること
　③怪しげな情報商材と違い、なかなかの良書であること
　④男性向けに書かれた恋愛指南書であること
　（正解はおそらく、②と④）

ここが残念！

・この例文を書いた人が「何に、どう驚いたのか」について、一言

も言及していません。

【改善例】

　この本の著者は「これまでに２万人以上の恋愛相談に乗り、現在はその経験から得た知識をもとに作家活動を行なっている」とプロフィールにあります。嗅覚が敏感な人は怪しげな雰囲気を嗅ぎ取り、「どうせ情報商材的なものだろう」「信用ならぬ」と思うかもしれません。実をいうと、私もそうでした。

　ところが、読んでみると、これが意外にもなかなかの良書なので驚きました。著者が一般事務職として１０年の会社員経験を持つこともわかり、別種の驚きが湧きました。

「会社勤めをしながら、２万人の恋愛相談に乗るというのはすごい！」

「一般サラリーマンやOLの悩みと本音を知り尽くした著者だからこそ、ここまで書けたのだ！」

　という驚きです。しかも、本書は男性読者向けの恋愛指南書です。出会いのチャンスがないと嘆いている男性や、女性にどう接すればいいかわからずに困っている男性には、まさに必読の書。「こういうのを待っていた！」と喜びの声が聞こえてきそうな、とても価値のある一冊です。

　男性心理を知ってもっとモテるようになりたい女性、恋愛成就と結婚を願っている女性にもおすすめです。

第1章 この文章は、どこがおかしい？

> **解説**

- ある種の「驚き」があり、さらにまた別の「驚き」があったことを、順を追って説明しました。
- 驚いた理由を述べる必要があるので、例文から推察される内容を加筆しました。（最後の2行はオマケです。）
- 話の展開に合わせて、適宜改行しました。

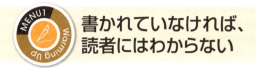
書かれていなければ、読者にはわからない

次に挙げる例文は、某ミステリー小説から拾ったものです。さすがミステリーだけあって、謎に満ちています。あなたは真相を読み解くことができるでしょうか。

【例文】
じつは私、行方不明になる前に、その男を東京駅で見かけたことがあります。

Q1 行方不明になったのは誰ですか？
①「私」　②「その男」　③誰か知らない人
（正解はおそらく、②）

Q2 「その男」を東京駅で見かけたのは誰ですか？
①「私」　②あなた　③この文章を書いた人
（正解はおそらく、①）

ここが残念!

・誰が行方不明になったのか、明示されていません。
・「自分が行方不明になる」というのは不自然ですから、「行方不明になったのは別の人」と読み手は見当をつけるでしょう。しかし、誤読される可能性がゼロではありません。「じつは私、しば

らく行方をくらましていたのですが」と解釈することもできるのです。

【改善例1】

　その男が行方不明になる前のことですが、じつは私、東京駅で（彼を）見かけたことがあります。

解説

・主語（誰が）と述語（〜した）をできるだけ近づけて配置すると、主語と述語の関係を読み取りやすくなります。

・「彼を」という語を省略しても、誤解を招く恐れはまずないでしょう。

【改善例2】

　じつは私、その男が行方不明になる前に、東京駅で（彼を）見かけたことがあります。

解説

・主語「私」を文頭に置き、この主語に対応する述語「見かけた」を文末に置きました。このように、主語と述語の位置が離れていても、文意は正確に伝わります。

・伝わる理由は、第2の人物である「その男」を第2の主語として、それに対応する第2の述語「行方不明になる」を直結させ、「誰と誰がそれぞれ何をしたか」を明快に示しているからです。

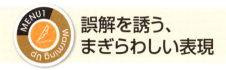

誤解を誘う、まぎらわしい表現

　前項に続き、某ミステリー小説の一節を例文とします。さあ、真犯人を暴いてください。

【例文】
　私が命令してコンビニを襲ったのは、この人です。

Q1 「私」はコンビニに対して、何をしたのでしょうか？
　①「襲え」と命令しただけで襲撃はしていない
　②命令も襲撃もした
　（正解はおそらく、①）

Q2 「私」は誰に、「コンビニを襲え」と命令したのでしょうか？
　①「この人」　②コンビニの店員　③この場にいない人
　（正解はおそらく、①）

ここが残念!

・「私が命令してコンビニを襲った」というのは、耳で聞いても、字を読んでも、どこか違和感のある表現です。
・「私が」で始まった文章が、途中で、「この人」を主語とする文章になっているため、誤解を招きやすいといえます。

第1章 この文章は、どこがおかしい？

【改善例1】

　私が命令してコンビニを襲わせたのは、この人です。

解説

・「私」を主語にして文を組み立てるなら、最初から最後まで「私」の側から語ることにより、筋の通った文になります。
・主語「私」に対応する適切な述語は「命令した」「襲わせた」です。

【改善例2】

　私に命令されてコンビニを襲ったのは、この人です。

解説

・「この人」の側から語るならば、「命令された」「襲った」という表現になります。

【改善例3】

　私が命令しました。コンビニを襲ったのは、この人です。

解説

・「私」の側から語る文と、「この人」の側から語る文とを分けました。
・「1つの文に1つずつ主語と述語がある」ように書いていくと、話が混乱せずに済みます。

22

【改善例4】

　私の命令で、コンビニを襲ったのはこの人です。

解説

- 「私の命令で」は、「コンビニを襲った」に掛かっています。
- この文では、読点「、」をつけなくても意味は通じるでしょう。
- 「、」をつければ、よりいっそう、「私」と「この人」の行動を区別しやすくなります。
- 「私の命令で」というように、安易に「で」を使わず、「私の命令により」とすると、より伝わりやすい文になります。

補足

- 「私」と「この男」の責任の重さをどう位置づけるかにより、書き方が変わります。
- 「私はこの男に、コンビニを襲えと命令しました」とすれば、「私」は何らかの事情があってやむなくそうしたのであり、「この男」にこそ罪があると糾弾しているようなニュアンスが漂います。
- 「私がこの男に、コンビニを襲えと命令しました」とすれば、「私」が自らの罪を積極的に認め、「この男」には責任はないのだと言いたがっていることがうかがえます。

第1章 この文章は、どこがおかしい？

読者の推理によって、意味が変わる文章

　もう一題、某ミステリーの一節からクイズを出します。ここに登場する男女三人の昨夜の行動を明らかにしてください。

【例文】
　昨夜はよく飲んだ。俺がそのキャバ嬢と別れたのは、深夜3時近かった。彼女と同郷の男友達が朝まで営業しているホストクラブで働いていた。「これから、そっちへ行く」と言って、路地を曲がった。

Q1 昨夜、「俺」は誰と一緒に飲んだのですか？
　①「キャバ嬢」　②ホストクラブで働いている男友達
　③「俺」ひとりで飲んだ
　（正解はおそらく、①）

Q2 朝まで営業しているホストクラブで働いているのは誰？
　①「キャバ嬢」と同郷の、彼女の男友達
　②「キャバ嬢」と同郷の、「俺」の男友達
　（正解はおそらく、①）

Q3 「これから、そっちへ行く」と言って、路地を曲がったのは誰？
　①「俺」　②「キャバ嬢」　③「俺」と「キャバ嬢」

24

（正解は不明）

> **ここが残念！**

・最後の１文に主語が示されていません。そのため、誰がこの行動
をとったのか、３通りの解釈が成り立ちます。「俺が」「キャバ嬢
が」「俺とキャバ嬢が」、そのいずれであってもおかしくはなく、
決め手に欠けるのです。読者は、不可解なものを抱えたまま読み
進むことを強いられ、これがストレスとなる場合もあります。

> **【改善例1】**
>
> 　昨夜はよく飲んだ。俺がそのキャバ嬢と別れたのは、深夜
> ３時近かった。彼女と同郷の男友達が朝まで営業しているホ
> ストクラブで働いていた。「これから、そっちへ行く」と言
> って、俺は路地を曲がった。

> **解説**

・「俺は」と主語を示すことにより、「路地を曲がった」のは「俺」
なのだと、限定することができます。
・「俺は」を「彼女は」とすれば、キャバ嬢がそうしたのだという
ことになります。
・「俺は彼女の手を引き、路地を曲がった」とすれば、俺とキャバ
嬢のふたりがそうしたのだということになります。

第1章 この文章は、どこがおかしい？

【改善例2】
　昨夜はよく飲んだ。俺がそのキャバ嬢と別れたのは、深夜3時近かった。彼女には同郷の男友達がいて、朝まで営業しているホストクラブで働いていた。「これから、そっちへ行く」と言って、路地を曲がって行ってしまった。

解説

- 例文で、ホストクラブで働いている男は「彼女」の同郷であると述べられていますが、その男が「彼女」の友達なのか、あるいは「俺」の友達なのか、はっきりと示されていません。そこで、「彼女には同郷の男友達がいて」と書き換えました。
- 通常、ホストクラブへ行くのは女性客ですから、男性である「俺」ではなく、「キャバ嬢」がそこへ行ったという設定にしました。
- 主語がなくても、「路地を曲がって行ってしまった」とすれば、「俺」以外の誰か、つまり「キャバ嬢」がそうしたのだな、と読者はわかるはずです。
- 「行ってしまった」という言い回しから、「俺」が名残惜しく感じていることが伝わるでしょう。

第2章
文章の骨格を整える

主語と述語を明確に示そう

「伝えたいことがうまく伝わらない」
という経験をしたことはありませんか。
原因はおそらく、日本語のルールに反する
書き方をしたことです。
まずは、「主語」と「述語」の
あるべき関係について復習してください。
誤解やトラブルを招く文章から
卒業することができます。

第2章 文章の骨格を整える

文の基本構造は「顔（主語）」＋「脚（述語）」

　読んでわかる文章を組み立てるには、日本語の「文法」に従って書くことです。文法を無視して、ただ単語を並べるだけだと、支離滅裂で意味不明な文になってしまいます。

【例文】　父が何を食べたのかと今朝は私に起き何時に聞いた。

【改善例】　父が私に、今朝は何時に起き、何を食べたのかと聞いた。

解説

・意味が通じるように言葉を並べ替え、読点「、」を加えました。
・意味が通じるなら、それは「文法に則した文章」だといえます。

【例文】　私の父はギャンブラーです。
　　　　　父が、会社へ行かず、パチンコに通っているのです。

解説

・「○○は」「○○が」＋「○○です」「○○する」というように、

28

主語と述語がつながって意味をなすからこそ、文章が成立します。
・文法というものの基本中の基本は、<mark>主語と述語が的確に対応して</mark>いることです。

【例文】　あのとき、彼女は28歳でした。それから12年。智子さんは衰えるどころか、ますます美しさに磨きがかかったようです。

【改善例】　あのとき、智子さんは28歳でした。それから12年。彼女は衰えるどころか、ますます美しさに磨きがかかったようです。

　主語は文の「顔」にあたります。

　最初に顔をはっきりと示さなければなりません。固有名詞があるなら、まずは固有名詞を出し、そのあとで「彼」や「彼女」と言い換えることができます。

【例文】　私の父です。会社へ行かず、パチンコに通っています。

　述語は「脚」に相当します。顔が隠れていても、脚さえ見えれば、誰のことを言っているのかわかる場合があります。

> 【例文】　私の父はアレです。父はナニしています。
> 【改善例】　私の父はギャンブラーです。父は会社へ行かず、パチンコに通っています。

文に脚がなければ、その人がどんな状態で、何をしているのか、さっぱりわかりません。

解説

・必要に応じて主語を示し、主語と述語を的確に対応させることが大事です。

 補足
・文法に縛られ、身動きがとれないようでは本末転倒です。「いや、マジで。文章なんかバリエ豊富のほうが全然楽しいんだから、文法いのち、なんつーのはヤバいっス」──時にはそんな書き方をすることがあっていいと筆者は思っています。
・ただし、常に頭のどこかで文法を意識していないと、読む側に伝わる文を書くことはできません。

骨格を矯正して
「胴長短足」文から「脚長」文へ

MENU2 Subject & Predicate

　文の「顔」と「脚」がきちんとつながっているのはいいけれど、胴体部分が長すぎると、胴長短足の不格好な文になるだけでなく、言わんとすることが通じにくくなります。

【例文】

　あの人の強みは、子供の頃から読書が好きで、特に絵本をたくさん読んできたので、むずかしい言葉を使わずにわかりやすい言葉で話をするし、小学校で国語を教えていた先生の経験もあるから、みんながとてもわかりやすい、面白いと言ってくれるということです。

Q 「あの人」の強みは何ですか？

　①読書経験が豊富で、特に絵本をたくさん読んできたこと

　②むずかしい言葉を使わずに話せること

　③小学校で国語を教えていた経験があること

　④みんなが「とてもわかりやすい、面白い」と言ってくれること

　（正解はおそらく、①と②と③）

ここが残念!

・「あの人の強みは」という主語に対応する述語が、なかなか出て

きません。
- 文末の結論部分を見て、「話を聞いた人たちが、とてもわかりやすい、面白いと言ってくれることが、あの人の強みなのだな」と誤読される可能性は高いといえます。

【改善例】

あの人の強みは、子供の頃から読書が好きで、特に絵本をたくさん読んできたこと、加えて、小学校で国語の教師をしていた経験があることです。だから、むずかしい言葉を使わずに話をすることができるのです。みんなが「とてもわかりやすい、面白い」と言っています。

解説

- 例文は胴体部分が長すぎるため、3つの文に分けて、ボディバランスを整えました。
- 「あの人」の強みは3つあると考えられます。そのうちの1つ「むずかしい言葉を使わずに話をすることができる」というのは、他の2つの強みがあってこそ生まれたものでしょう。そこで、「だから」と一言つけ加えて、3つの強みを有機的に関連づけました。

- 「わかりやすい」という語が二度出ているため、なくてもわかる箇所では省略しました。
- 「小学校で国語を教えていた先生の経験」は、「教える」と「先生」の意味が重複するため、「小学校で国語の教師をしていた経験」としました。

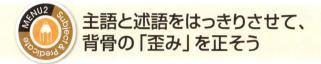

主語と述語をはっきりさせて、背骨の「歪み」を正そう

　顔と脚をつなぐのは胴体、その胴体を支えているのは背骨です。

　背骨が真っ直ぐ伸びていると良いのですが、文章の世界では、背骨にあたる部分が微妙にねじれているために、思わぬ誤解を招くことがあります。

　しかも、自分ではその微妙な「ねじれ」に気づきにくいのです。

　そこを逆手にとられて、たとえば——

「あんた、貸したお金、返しなさい」

「貸した金？　そんなもの返せるわけないだろ。借りた金なら返せないこともないけどさ」

　などとトボケられたら、どうしますか？

　また、言葉遣いにうるさい人から、「"ドキッとすること言わないでよ"というのは変ですよ。正しくは、"ドキッとさせること"でしょう」などと突っ込まれたら、どう返せば良いのでしょう？

　まあ、そんなことは現実にまず起こらないと思いますが、これに類する行き違いは多発しています。

【歪み例】　ちょっとさみしそうな横顔が、私は素敵だった。

【改善例】　ちょっとさみしそうな横顔が、私には素敵だった。

【歪み例】　子供時代の思い出がよみがえらせる。

【改善例】　子供時代の思い出が**よみがえる**。

【歪み例】　うちのクラスは、学芸会の演し物はまだ決まっていない。

【改善例1】　うちのクラス**では**、学芸会の演し物はまだ決まっていない。

【改善例2】　うちのクラスは、学芸会の演し物**を**まだ**決めていない**。

【歪み例】　ある出来事が、私的に大きく変わった。

【改善例】　ある出来事が、私**を**大きく**変えた**。

【歪み例】　彼はプライドに傷つけた。

【改善例1】　彼はプライド**が傷ついた**。

【改善例2】　彼はプライド**を傷つけられた**。

【歪み例】　自分で自分が守られるのが一番だ。
【改善例】　自分で自分を守るのが一番だ。

【歪み例】　目に浮かぶのは、豪邸に住んでみたいということ。
【改善例】　目に浮かぶのは、豪邸に住んでいる自分の姿。

【歪み例】　想像力を発揮させましょう。
【改善例】　想像力を発揮しましょう。

【歪み例】　昔からいた人にいわせると、東京の山の手もだいぶ変わってしまったと話している。
【改善例】　昔からいた人にいわせると、東京の山の手もだいぶ変わってしまったということだ。

第2章

文章の骨格を整える

【歪み例】　浅草に住んでよかったことは何ですかと聞かれて、僕だったら、寿司・そば・天麩羅が好きだし、うまいです。

【改善例】　浅草に住んでよかったことは何ですかと聞かれたら、僕だったら、好物の寿司・そば・天麩羅がうまいことだと答えます。

【歪み例】　高級ブランド品が愛され続ける理由の一つには、その丁寧な手仕事と素材の良さにあります。

【改善例】　高級ブランド品が愛され続ける第一の理由は、その丁寧な手仕事で、そこに素材の良さが加わります。

【歪み例】　あのブランドのすごいところは、世界中のどこで買っても、絶対に値段が落ちないという点です。

【改善例】　あのブランドのすごいところは、世界中のどこで買っても、絶対に値段が落ちていないという点です。

36

【歪み例】　お客様との不倫は解雇です。

【改善例】　お客様と不倫関係にあった場合は解雇します。(されます。)

【歪み例】　物忘れが激しくて有名な私です。

【改善例】　物忘れが激しいことで有名な私です。

【歪み例】　ここでやめておかないと、取り返しがつかない。

【改善例】　ここでやめておかないと、取り返しがつかないことになる。

【歪み例】　なぜなら人生には、多くのストレスが降りかかってきます。

【改善例】　なぜなら、人生には多くのストレスが降りかかってくるからです。

第2章 文章の骨格を整える

【歪み例】「どうすればいいか」は、解決策と気持ちは未来に向かいます。

【改善例】「どうすればいいか」と考えるようにすると、気持ちが未来に向かい、解決策を思いつきます。

【歪み例】 さすがプロとしての仕事ぶりは違うね。

【改善例】 さすがプロの仕事ぶりは違うね。

【歪み例】「自分の考えを組み立てる力」「言語表現力」「相手のことを理解する力」、これらは人間として、さまざまな可能性を広げてくれる基礎的、総合的な能力です。

【改善例】「自分の考えを組み立てる力」「言語表現力」「相手のことを理解する力」、これらは人間にとって、さまざまな可能性を広げるための基礎的かつ総合的な能力です。

38

【歪み例】　私の知り合いの男性は、彼は痛々しいほど恥ずかしがりやで、女性と話ができない、そんな彼自身が嫌で自分を変えたいと思いました。

【改善例】　私の知り合いの男性は、痛々しいほど恥ずかしがりやで、女性と話ができないのですが、彼自身そんな自分が嫌で、変えたいと思っていたようです。

【歪み例】　初対面では、私はどんな人物なのか相手もお互いによくわかりません。そこで名刺交換と、その後の会話をスムーズに進めやすくします。

【改善例】　初対面では、お互いに相手がどんな人物なのかよくわかりません。そこでまずは名刺交換をして、その後の会話がスムーズに進むようにします。

第2章 文章の骨格を整える

一文を短くして、主語と述語の関係を明確にする

　1文が長くなればなるほど、文の背骨に歪みが生じやすいので、気をつけましょう。

　また、長文ではそもそも、主語と述語がどこにあり、どう関係づけられているかが読み取りにくい、ということが往々にして起こります。

【例文】

　当社では社長命令により、ご来社いただくお客様にペットボトルのお茶をお出しすることになっていますが、これではせっかくお茶をお出ししても、お忙しい中、わざわざ足を運んでくださったお客様にほっとくつろいでいただくおもてなしの心が感じられません。

Q1 この例文が最も伝えようとしていることは何ですか？
　①当社では社長命令が発せられている
　②お客様にペットボトルのお茶をお出しすることになっている
　③せっかくお茶をお出ししても、おもてなしの心が感じられない
　（正解はおそらく、③）

Q2 おもてなしの心を感じるとしたら、誰が感じるのですか？

　①お茶を出す人　　②来社したお客様　　③当社の社長

　（正解はおそらく、②）

ここが残念!

・「お客様におもてなしの心が感じられない」というのは、「気の利かない客だ」と言っていることになります。

・もてなす側の視点と、もてなされる側の視点を混同しています。

・「お忙しい中、わざわざ足を運んで」「ほっとくつろいで」という２箇所は、お客様の都合や心の状態について、そのように推測されるということであって、必ずそうなのだと決めつけることはできません。

・よって、「おもてなしの心が感じられません」と断定表現で文を終えるのは、この場合はふさわしいことではありません。

---【改善例】---

　当社では社長命令により、ご来社いただくお客様にペットボトルのお茶をお出しすることになっています。けれど、これではせっかくお茶をさしあげても、おもてなしの心が伝わらないでしょう。お忙しい中、わざわざ足を運んでくださったお客様に、たとえ一時でもほっとくつろいでいただきたいという思いをこめて、一杯ずつ丁寧にお茶をいれてお出ししたいものです。

解説

- 長い1文を3文に分けました。
- 一貫して、もてなす側の思いや意見を語っているので読みやすく、わかりやすいと思います。
- 「現状説明」→「問題提起」→「改善方法の提案」という流れにして、「このようにしてはいかがか」と思われる案を加筆しました。

- 例文では「お茶をお出しする」という言い回しが2回出てくるので、1つは「お茶をさしあげる」と書き換えました。
- 「お客様にほっとくつろいでいただくおもてなしの心」という表現は、どこか不自然な感じがします。「お客様にくつろいでいただけるような、おもてなしの心」もしくは「くつろいでいただこうという、おもてなしの心」とすれば、違和感もなくしっくりと馴染みます。

第3章
ムダを省いて、たるんだ文章を引き締める!

人が読みたくなるのは、適度な長さの文

言いたいことがいろいろあると、
つい長い文章になってしまいがちです。
けれど、むだに太り続けた文は読みにくく、
人に敬遠されます。
文章のダイエット&シェイプアップをはかってください。
引き締まった文を書くように心がけると、
思考能力が高まり、
むずかしいことをわかりやすく伝えることが
できるようになります。

第3章 ムダを省いて、たるんだ文章を引き締める！

MENU3 だらだらと長い文章は、読んでもらえない

「～は～ですが、それで～したいと思うのですが、私は～だったのですが、やはり～で、でも～で」というように、複数の事柄を続けて書くと、締まりのない文、掴みどころのない文になります。

「が」で区切られる各節は、読んで理解できないことはないのです。しかし、延々と続けられると、次第にわけがわからなくなります。それで結局、書き手が何を言おうとしているのか、肝腎な点を把握することができません。

　だらだらと続いて要領を得ない文章ほど、読み手にとってやっかいなものはありません。
　たとえば、次の文はどうでしょう。あるセミナーで講師の女性が語ったことを活字にしたもので、話を聞くぶんにはいいけれど、ただテープ起こしをしただけのような文章を読まされると、「結局何が言いたいの？　この文のどこが目でどこが鼻なの？」と文句の一つも言いたくなるのではないでしょうか。

【例文】
　私は女性のみなさんに提案したいのですが、洗練された女性になる方法を知りたいという人は好きこそものの上手なれというような、そういう言葉がありますが、できれば地元よりも都会で洗練された一流ホテルや一流レストランでお食事

したりしてというように一流の雰囲気を味わったりしてほし
いというふうに思うのですが、そういうことが好きな女性は
上手にできるので、都会で目を引く素適な女性がいるのでそ
ういう人を見つけるということなど都会でしてほしいという
のもありますが、一流ホテルや一流レストランで働いている
ウェイターさんやウェイトレスさんや支配人という方々もわ
りと素敵ですが、洗練されていますが、どんな素敵な服を着
て一流の場所で一流の食べ物を食べたり飲んだりしているか
ということを見てよく観察するというのがいいのでしょうが、
私も女性の一人としてそういう一つの方法をとってみたので
すが、やっぱりそういう洗練された女性になるのに憧れます
が、夢のまた夢というようなこととか、でも絶対に無理では
ないかもしれないというようなことも思ったりもしてしまい
ますが、そういうのはやっぱり都会の一流レストランや一流
ホテルのおいしい食事や飲み物が元気にさせてくれるという
ことかもしれませんが、洗練された女性になれるという元気
な方法を知りたいという人はやっぱり好きこそものの上手な
れということでしょうか。

ここが残念!

・文の最初と最後に、同じことを語っています。

・「〜ですが」の使用が、なんと11箇所にものぼります。

・「洗練」「一流ホテル」「一流レストラン」「都会」「素敵」「食べ物」
「飲み物」「元気」など、同じ言葉を重複使用しています。

・「というような」「というふうに」「そういう」など、必要のない

語が多用されています。

【改善例】

「好きこそものの上手なれ」と言います。「百聞は一見に如かず」という言葉もあります。女性のみなさん、これを応用してみませんか。

たとえば、「もっと自分を高めたい」「素敵な大人の女性になりたい」と強く願っている人は、一流ホテルやレストランを積極的に利用するといいのです。そのゴージャスな雰囲気を味わい、出入りする人々を眺めているだけで、知らず知らずのうちに、「素敵な大人の女性」と呼ぶにふさわしい洗練された服装や立ち居振る舞いをマスターすることができると思います。

もし可能であるならば、地元を離れて都会へ出てみましょう。東京のような大都会には、名のある店やホテルが多数揃っています。ハイグレードな空間に身を置き、ハイクォリティなサービスを堪能してください。味のレベルも高く、きっとあなたを満足させてくれるでしょう。

さあそして、パッと目を引く女性がいたなら、それとなく観察するのです。彼女はどんな服や小物を身に着け、お店のスタッフにどう接し、お料理や飲み物は何を選んでいるか。そうした一つひとつがとても参考になります。

もちろん私も、この方法を実践しています。お手本となる人を見つけるたびに、「これでまた夢と憧れに一歩近づいた」と手応えが感じられるので、テンションが高まり、元気いっぱいになりますよ。

解説

- 例に挙げた悪文はトータル580文字、改善例の文は554文字です。文字数はさほど減っていませんが、だらだらと続く長文を、14の文に分けたので、だいぶ読みやすくなりました。

- 「一流ホテルやレストランを積極的に利用して、そこに出入りする素敵な女性をお手本にしよう」というメッセージを明確に打ち出しました。内容の是非はともかくとして、意味不明の長文で読者を疲れさせてしまうという愚をおかすことは回避できたと思います。

【例文】

主張の文章というのは、ともすれば演説のようなものになりがちで、お世辞にも「読み手にやさしい」文章とはいえませんし、セミナーや講演会で顔を見ながら話を聞くならまだしも、話した通りに文章にしたものを読まされるとなると、何度も同じことを繰返しているのが目立ったり、「言葉足らず」の文章だったり、説明が足らなかったりして、読む人は疲れますし、何より内容を理解できませんから、あらかじめ列挙する旨を示す予告文を入れておくとスマートです。

ここが残念!

- この例文で最も肝腎なのは、<mark>「あらかじめ列挙する旨を示す予告文を入れておくとスマートだ」</mark>という箇所でしょう。しかし、この大事な一節こそが、文中で最も悪文になっています。なんとなく意味は通じるのですが、注意深く読む人なら、「あらかじめ列

47

挙する旨を示す予告文を入れるって、どういうことだ？」と考えこんでしまうでしょう。

【改善例】

　主張文というのは、ともすれば演説のようになりがちで、それはお世辞にも「読み手にやさしい」文章とはいえません。セミナーや講演会で聞く話をそのまま書き写したような文である場合は、読者はいっそう疲れます。随所で同じ言葉が繰返されているいっぽうで、説明の行き届かない箇所が多々あり、内容をよく把握できない例が多いのです。

　主張文を書くときは、話が行ったり来たりしないように、また、主張したいことが確実に伝わるように、工夫してください。それには、これから述べる内容の重要ポイントをあらかじめ列挙し、冒頭に示すと良いでしょう。

解説

- 「あらかじめ列挙する旨を示す予告文を入れておく」という文の意味が伝わりやすいように、「これから述べる内容の重要ポイントをあらかじめ列挙し、冒頭に示す」と書き換えました。

主役（主語）がなかなか登場しないと、観客（読者）はイラつく

　どれほど長い文であっても、主語と述語が明確に示され、的確に対応していれば、筋の通った文になります。
「誰が（何が）」にあたる主部を、できるだけ早く示すようにしましょう。そうでないと、いったい誰のことを語っているのかわからないため、読者はイライラさせられることがあります。

【例文】

　バーの扉を押して足を踏み入れると、そこで赤いドレスを着て、ゆったりとソファに腰掛け、おそらくレミーマルタンか何かだと思われるコニャックのグラスを手に、もう片方の手で煙草をふかしている、しわだらけの老女が目に入った。

Q1 バーの扉を押して中に足を踏み入れたのは誰ですか？
　①赤いドレスを着た女　　　　②しわだらけの老女
　③誰とは語られていない人物
　（正解はおそらく、③）

Q2「赤いドレスを着て、ソファに腰掛け、コニャックのグラスを手に、もう片方の手で煙草をふかしている」のは誰ですか？
　①バーに足を踏み入れた人物　　②しわだらけの老女
　（正解はおそらく、②）

第3章 ムダを省いて、たるんだ文章を引き締める！

ここが残念！

・バーに足を踏み入れた人物が、そこで赤い服に着替え、ソファに腰掛け、コニャックのグラスを手にして煙草をふかした、と読めてしまいます。

【改善例1】

　バーの扉を押して足を踏み入れた。しわだらけの老女が赤いドレスを着て、ゆったりとソファに腰掛け、おそらくレミーマルタンか何かだと思われるコニャックのグラスを手に、もう片方の手で煙草をふかしているのが目に入った。

【改善例2】

　バーの扉を押して足を踏み入れた。目に飛び込んできたのは、赤いドレスを着て、ゆったりとソファに腰掛け、おそらくレミーマルタンか何かだと思われるコニャックのグラスを手に、もう片方の手で煙草をふかしている、しわだらけの老女だった。

解説

・改善例1では当たり前すぎてつまらない、読者にもっと気をもたせたいという場合は、改善例2のようにすることもできます。

・「誰が（何が）」にあたる主部がなかなか登場しなくても、「バーに足を踏み入れた人物」とは別の人物のことを語っていることが明白ならば、誤解が生じる恐れはありません。

MENU3 「と」を連発すると、うるさい文章になる

　10代〜30代の若い人たちがネット上に発表する小説、殊にライトノベルと称されるものを読むと、文章に共通パターンがあることに気づきます。すべての作品、すべての文章がそうだというわけではないのですが、多くの場合、次のような特徴が見られるのです。

・「〜すると、〜した」という言い回しが繰返し出てくる
・登場人物の動作をことごとく説明し、省略することを知らない

　この2大特徴を具えた文章を挙げてみましょう。

【例文】

　ルイはベッドからがばっと起き上がると、キッチンへ向かって、ふらつく足で歩き出した。歩いて行く途中ではっと気づくと、「あれ？　セーラは？　ゆうべはセーラとどこで別れたんだっけ？」と慌てて、部屋中を見回した。見回してみてわかったのだが、セーラはベッドの足下の床の上に丸まって、うっすらいびきをかいて熟睡していた。セーラはちゃんとここにいる。ルイはほっとため息をつくとまた歩き出し、キッチンで冷蔵庫の扉を開けると、ミネラルウォーターを探して取り出した。手にとって見ると、ペットボトルではなくて硝子の瓶に入った水だった。瓶の栓を手でひねると、栓は簡単に開いた。

第3章 ムダを省いて、たるんだ文章を引き締める！

Q 「〜すると、〜した」の「と」は何回、出てきましたか？
　①3回　　②6回　　③12回
（正解は、②）

【改善例】
　ルイはベッドからがばっと起き上がり、ふらつく足でキッチンへ向かった。何か飲みたい。喉の渇きで目が覚めたのだ。途中、はっと気づいた。あれ？　セーラは？　ゆうべはセーラとどこで別れたんだっけ？　慌てて室内を見回した。ベッドの足下の床上に、セーラが背を丸めて横たわっている。うっすらいびきをかいている。熟睡しているようだ。ルイはほっとため息をつき、冷蔵庫からミネラルウォーターの瓶を取り出した。ペットボトルではなく硝子の瓶入りだった。手で軽くひねって栓を開けた。

解説

・「〜すると、〜した」という表現は一度も使用していません。使用する必然性がなかったからです。

補足
・読者を飽きさせず、ぐいぐい引っ張っていくには、同じ表現パターンを繰返すことは努めて避け、省略可能な箇所は省略し、テンポよく話を展開していくことが求められます。それはライトノベルだけでなく、読み物全般にいえることでしょう。

同じ語を繰返す しつこい文章は嫌われる

　同じ語を何度も使うと、読み手は「しつこいぞ」と感じてしまい、それ以上読むのが嫌になります。

【例文】　人の話を聞くこと、人と話すこと、人が書いた字や本を読むこと、文章を書くこと、という４つのうち、一番簡単なことは聞くことだと思う。

【改善例】　聞く、話す、読む、書く。この４つのうち、一番簡単なのは聞くことだと思う。

【例文】　電車に乗るとき、人気のラーメン屋さんで行列するとき、カフェでお茶するときも、一人だと時間を持てあますときがあるのだけれど、そんなときは必ずスマホを見ている。

【改善例】　電車に乗る、人気のラーメン屋さんで行列する、カフェへ行く。一人だと時間を持てあますことがあるが、そんなときは必ずスマホを見ている。

第3章 ムダを省いて、たるんだ文章を引き締める！

【例文】 子供の頃は月曜から金曜までせっせと学習塾に通ったり、塾がない土曜日とか日曜日とかはピアノを習ったり、バレエのレッスンもしたりして、大人になってからは会社帰りに水泳を習ったり、最近はパソコン教室に行って教わったりして、けっこう忙しくしています。

【改善例】 子供の頃、平日はせっせと学習塾に通い、週末はピアノとバレエのレッスンでした。大人になってからは、会社帰りに水泳を習い、最近はパソコン教室で教わるなど、けっこう忙しくしています。

【例文】　私が絵を描くのは、表現したいものが親子の愛だったり、やさしさだったり、恋のときめきだったり、そういう何か形のない、ほんわかした思いだったりするんです。

【改善例】　私が絵を通じて表現したいのは、親子の愛、やさしさ、恋のときめきなど、はっきりとした形はないけれど、何かほんわかした思いです。

解説

・「こと」「とき」「とか」「したり」「だったり」という語を使う場合は、使用回数をできるだけ少なくするようにすると、引き締まった文章になります。

・SNS 投稿やオフ会での自己紹介など、自分について語る機会はいろいろとありますね。そこでしくじることのないように、あらかじめ言うことを考えておきましょう。伝えたいことを事前に下書きし、何度も読み返してみて、不必要な言葉を削っていくと良いのです。すっきりと整った文章が用意されていると、自信を持って話せます。

第3章 ムダを省いて、たるんだ文章を引き締める！

一文は短く、簡潔に。
ただし、"細切れ"では読みにくい

　長々と続く文よりも、短い文のほうが、より内容を把握しやすいといえます。

　ただし、短ければいいというわけではありません。長短を問わず、文が意味をなしている必要があります。

　それがなされていない例を挙げます。ラップミュージックを想起させるようなノリのいい短文が並び、これはこれで味があるのですが、==文法上、どこで文を区切るのが適切か==を考えながら読んでみてください。

【例文】

「お世話になっています」はビジネスの挨拶で。

「いつもお世話になっております」と。

電話、メールでは。

最初の一言目は「お世話になっています」で。

決まり文句になっているし。

「いつもお世話様です」と言う人もいるけれど。

でもこれは本来、親しい人だけしか使えない言葉だと。

最近知ったのだ。

近所の人や親戚の人に「お世話様です」と言うのは失礼じゃない。

とされるのは。

「お互い様だもんね」と双方が承知しているから。

などという前提があるのだけれど。

それほど親しくない人や年長者の人に「お世話様です」と言えば。

「なにを偉そうに」と。

不快な気持ちにさせてしまうことがあるので気をつけたい。

ここが残念!

・1文をごく短くシンプルにまとめ、1文ずつ改行するという手法は、ブログなどでよく用いられています。「読みやすく」「わかりやすく」と配慮がなされていることが伝わってきます。しかし、この例文のように、文を細切れにしてしまうと、読みにくく、わかりにくいものになってしまいます。

第3章
ムダを省いて、たるんだ文章を引き締める！

【改善例】

ビジネスの場では、「お世話になっています」というのが挨拶のようなものだ。

電話やメールでも、最初はまず「お世話になっています」が決まり文句になっている。

敬語に通じた人になると、「いつもお世話になっております」と謙譲語を使う。

「いつもお世話様です」と丁寧語を使う人もいる。

「様」をつければ、より丁寧な言葉遣いになるだろう。

だが、「お世話様」というのは本来、親しい間柄だからこそ使える言葉なのだということを、最近になって知った。

職場の同僚、日頃行き来しているご近所さん、親戚などには、「お世話様」と言って失礼にあたらないとされている。

「世話をかけたり、かけられたり、お互い様だ」と双方が承知している、という前提があるからだ。

年長者や上司、顧客に向かって「お世話様です」と言うと、「おまえごときが、なにを偉そうに」と不快な思いをさせてしまうことがあるようなので、この点は気をつけたい。

解説

・「主語」と「述語」が1つずつあり、ある1つの意味をなしているという状態になったとき、そこを文の区切りとすると良いでしょう。

・文と文をつなげたほうが、より意味が伝わりやすい場合は、「〜だが」「〜なので」などの接続詞を用いてつなげてください。

58

1つの文章は
1つの事柄でまとめる

　1つの文でいくつものことを語るには、それなりのテクニックが求められます。やってやれないことはありませんが、慣れないうちは、なかなか骨の折れる作業です。また、読む側に歓迎されるとは限りません。

　ならば、「一文一義」(1つの文に1つの事柄を書く)に徹してみましょう。文章のダイエット&シェイプアップ効果は抜群です。

　次の例文を、複数の文にしてください。「1つの文が、それ自体で意味をなすように」と心がけて行なうと、うまくいきます。

　よりわかりやすいものにするために、1文ごとに改行してみましょう。

　(あなた自身が文章を書く際にも、1文ごとに改行しつつ書いていくと、「一文一義」を徹底しやすいでしょう。やたらと改行した文章など人に読ませたくないという場合は、書き終えた後に「不必要な改行は削除」をすると良いですね。)

【例文】
> 　見上げれば数十メートルはあろうかという木々が立ち並び、枝葉が空を覆うように伸びている森の中であるにもかかわらず、木がそこだけ避けるようにして、一塊の空間を円形にくりぬいていたのだが、そこにポツンと、一軒のログハウスが佇んでいた。

59

第3章 ムダを省いて、たるんだ文章を引き締める！

【一文一義に基づく書き換え例】

　見上げれば数十メートルはあろうかという木々が立ち並んでいる。

　枝葉が空を覆うように伸びている。

　森の中であるにもかかわらず、木がそこだけ避けるようにして、一塊の空間を円形にくりぬいていた。

　そこにポツンと、一軒のログハウスが佇んでいた。

解説

- 「文をここで区切っても、きちんと意味をなす」という箇所で区切り、文末に「いる」「いた」などの語を加えれば良いのです。
- 例文では、「一塊の空間を円形にくりぬいていたのだが、そこに〜」となっていました。この場合、「のだが」という逆接の接続詞は必要不可欠のものではないので削除し、「くりぬいていた。そこに〜」としました。

補足

- 文末の「いた」「いる」は、どちらを使用しても間違いではありません。ただし、すべての文末を「いた」、もしくは「いる」に統一してしまうと、リズムが単調になります。
- 現在形の「いる」を用いると、読者はまるでその場にいて次々と新たな発見をしているような臨場感を味わうことができます。
- 話の流れをちょっと変えたいとき、あるいは「ここで意外な発見があったのだ」と伝えたいときに、過去形の「いた」を用いると効果的です。

話を論理的に展開するには、接続詞や副詞をうまく使う

「一文一義」の要領で書いていくと、文の並べ替えも容易にできます。

そのおかげで、自分の考えや意見をまとめやすいのです。話が横道に逸れたり、行ったり来たりしている場合も、文の並び順を替えるだけで、軌道修正をはかることができます。

では、さっそくやってみましょう。

読み手にとってよりわかりすい文の流れに修整することを目標として、次の例文を読み、文の並び順を変更してください。

（最初の行と最後の行は、位置を替えずに行なってください。）

【例文】

かつてイギリスの某大学に留学したときのことだ。

ベッドに毛布と上掛けは用意されているが、シーツも、枕も、枕カバーもない。

アパートには薄汚れたベッドと机しかない。

まずやるべきことは、とりあえずベッドまわりの品とティーカップ、スプーン、フォーク、ナイフなどのほかに、皿を数枚、フライパンと鍋を買うことだ。

料理など一度もやったことがないが、ここでは経費節減のために自炊するつもりだった。

食器や調理器具の類も何一つ揃っていない。

第3章 ムダを省いて、たるんだ文章を引き締める！

ダウンタウンまで行かなければならない。

帰りはさぞ大変だろう。

電車を乗り継いでいくしかない。

そう、ここで途方に暮れていてもしかたがないのだ。

そこにディスカウントショップがあると、旅行者向けのガイドブックに書いてある。

しかし、ダウンタウンまではけっこう遠い。

車など、もちろんない。

フライパン、鍋、枕まで買うのだから、大荷物だ。

他人の汗で汚れたベッドに寝るのだけはいやだ。

あらためて、これはとんでもないところに来てしまったと思った。

【改善例】

（かつてイギリスの某大学に留学したときのことだ。）

アパートには薄汚れたベッドと机しかない。

ベッドに毛布と掛けは用意されているが、シーツも、枕も、枕カバーもない。

他人の汗で汚れたベッドに寝るのだけはいやだ。

食器や調理器具の類も何一つ揃っていない。

料理など一度もやったことがないが、ここでは経費節減のために自炊するつもりだった。

そう、ここで途方に暮れていてもしかたがないのだ。

まずやるべきことは、とりあえずベッドまわりの品とティーカップ、スプーン、フォーク、ナイフなどのほかに、皿を

数枚、フライパンと鍋を買うことだ。
　ダウンタウンまで行かなければならない。
　そこにディスカウントショップがあると、旅行者向けのガイドブックに書いてある。
　しかし、ダウンタウンまではけっこう遠い。
　車など、もちろんない。
　電車を乗り継いでいくしかない。
　フライパン、鍋、枕まで買うのだから、大荷物だ。
　帰りはさぞ大変だろう。
（あらためて、これはとんでもないところに来てしまったと思った。）

> 解説

- 文と文をどのような順序でつなげると良いか。それを推し量る方法があります。「接続詞」あるいは「副詞」を用いると、文をつなげやすくなり、流れはスムーズか、意味を把握しやすいかを検証することができるのです。

アパートには薄汚れたベッドと机しかない。（その）ベッドに毛布と上掛けは用意されているが、シーツも、枕も、枕カバーもない。（そんな）他人の汗で汚れたベッドに寝るのだけはいやだ。（さらに）食器や調理器具の類も何一つ揃っていない。（それでも）料理など一度もやったことがないが、ここでは経費節減のために自炊するつもりだった。（だから）そう、ここで途方に暮れていてもしかたがないのだ。（つまり）まずやるべきことは、とりあえずベッドまわりの品とティーカップ、スプーン、フォーク、ナイフなどのほかに、皿を数枚、フライパンと鍋を買うことだ。（それには）ダウンタウンまで行かなければならない。（ちょうど）そこにディスカウントショップがあると、旅行者向けのガイドブックに書いてある。（だが）しかし、ダウンタウンまではけっこう遠い。（といっても）車など、もちろんない。（だから）電車を乗り継いでいくしかない。（そして）フライパン、鍋、枕まで買うのだから、大荷物だ。（おそらく）帰りはさぞ大変だろう。

- 文を並べ替える作業は、いってみればパズルを解くようなものです。
- パズルゲームを楽しんでいるうちに、いつの間にか、論理的な思考ができるようになっています。きちんと筋道を立てて論を展開し、複雑なこともわかりやすく説明することが可能になるのです。

第4章

わかりやすく、心地良い修飾のしかた

説明がうまい人は、
「形容詞」「形容動詞」「副詞」に強い

ビジネスではもちろんのこと、
プライベートな文章においても、
「ここが大事なポイント!」と、
はっきりわかるように書くことが求められます。
なぜそこが大事なのか、
的確に説明できるようになりましょう。
この課題をクリアするには、
「修飾語」(形容詞・形容動詞・副詞の3点セット)を
「文のどこに配置すればより効果的か」を
知る必要があります。

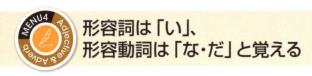

形容詞は「い」、形容動詞は「な・だ」と覚える

物、人、事柄、場所など、具体的なものを表す語を「名詞」といいます。

その名詞で表したものがどんな性質で、どのような状態であるかを表す語が「形容詞」と「形容動詞」です。

形容詞 ➡ （主に）名詞の性質や状態を表す語

例／物体「柔らかい」「柔らかければ」「柔らかかろう」

　　人物「賢い」「賢ければ」「賢かろう」

　　事柄「むずかしい」「むずかしければ」「むずかしかろう」

　　場所「広い」「広ければ」「広かろう」

形容動詞 ➡ 形容詞と同じく、（主に）名詞の性質や状態を表す語

例／物体「柔軟な」「柔軟だ」「柔軟なら」「柔軟である」

　　人物「賢明な」「賢明だ」「賢明なら」「賢明である」

　　事柄「困難な」「困難だ」「困難なら」「困難である」

　　場所「広大な」「広大だ」「広大なら」「広大である」

形容詞と形容動詞の違い

- 形容詞は、「楽しい」「うれしい」「おいしい」というように、基本形の末尾に「い」がつきます。
- 形容動詞は、「愉快な」「愉快だ」というように、基本形の末尾に「な」または「だ」がつきます。

第4章　わかりやすく、心地良い修飾のしかた

「い・な・だ」の使い方を間違えないようにしましょう。というのは、形容詞や形容動詞は語尾がさまざまに変化しますので、その変化にきちんと対応することが大切なのです。

【 例 文 】　コーヒーは濃いいのが好き。
【改善例】　コーヒーは濃いのが好き。

【 例 文 】　柔らかいければ、噛まずに飲み込める。
【改善例】　柔らかければ、噛まずに飲み込める。

【 例 文 】　英語の試験、すごいむずかった。
【改善例】　英語の試験、すごくむずかしかった。

【 例 文 】　さぞ、悔しっかろう。
【改善例】　さぞ、悔しかろう。

第4章 わかりやすく、心地良い修飾のしかた

【例文】　見事の出来映えだ。
【改善例】　見事な出来映えだ。

【例文】　それほど簡単なのなら、やっちゃえば？
【改善例】　それほど簡単なら、やっちゃえば？
　　　　　（それほど簡単なのであれば、やっちゃえば？）

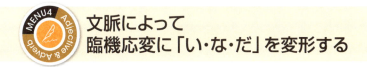

文脈によって臨機応変に「い・な・だ」を変形する

前述のとおり、形容詞の末尾「い」、形容動詞の末尾「な・だ」は、文脈によってさまざまに変化します。

【い・な・だの語尾変化例】

ここは静かでも、駅前は騒々しい。
会社が遠いので、通勤は楽ではない。（または、楽じゃない。）
実家に近ければ、何かと便利かもしれない。
木造３階建てでも、造りが頑丈なら大丈夫かな。
そんなに家賃が安くては、設備は貧弱だろう。
家賃が高いと、月々の払いが苦しくなる。
手狭ではあるけれど、使い勝手は良さそうだ。
聞くところによると、大家さんは太っ腹らしい。
この物件に出会えたのは幸運だったと思う。
心が軽やかに弾む。
未来が明るくなった。

Q 次の例文では「い・な・だ」をどのように変化させるのが適切ですか？

①今は静かだが、さっきは騒々し○○○。
②会社が近○にあるので、通勤は楽だ。
③実家から遠ざかると、何かと不便○なるに違いない。

69

④平屋でも、造りが頑丈○○○と不安だな。
⑤家賃が安いからといって、設備が貧弱○とは限らない。
⑥今よりも家賃は高○なるが、駐車場付きだ。
⑦見るからに手狭○あるうえ、使い勝手も悪○○だ。
⑧不動産屋の話では、大家さんは太っ腹○○○○ことだ。
⑨この物件に出会えたのは、きっと幸運○ゆえだ。
⑩気が重○○仕方がない。
⑪未来に明○○を感じた。

A 答えはこちら。
①今は静かだが、さっきは騒々しかった。
②会社が近くにあるので、通勤は楽だ。
③実家から遠ざかると、何かと不便になるに違いない。
④平屋でも、造りが頑丈でないと不安だな。
⑤家賃が安いからといって、設備が貧弱だとは限らない。
⑥今よりも家賃は高くなるが、駐車場付きだ。
⑦見るからに手狭であるうえ、使い勝手も悪そうだ。
⑧不動産屋の話では、大家さんは太っ腹だということだ。
⑨この物件に出会えたのは、きっと幸運のゆえだ。
⑩気が重くて仕方がない。
⑪未来に明るさを感じた。

副詞を使って、表現に奥行きを出そう

　形容詞や形容動詞の性質やありさまを言い表す語を「副詞」といいます。名詞に形容詞や形容動詞をつけ、さらに副詞をつけると、文が立体的になり、奥行きの感じられる表現ができます。

> 【使用例】　たいそう美しい女性だ。凛として美しい佇まいだ。
> 　　　　　はなはだ不愉快な言い方をされた。

　副詞はまた、動作を表す語（動詞）に掛けることができます。

> 【使用例】　あいつは女を頻繁に騙す。俺は、たまに騙すだけ。
> 　　　　　まんまと騙される。やすやすと騙される。

副詞 ➡（主に）動詞、形容詞、形容動詞を修飾する語
例／状態を示す「ゆっくりと」「しっかりと」「すぐに」「急に」
　　程度を示す「とても」「もっと」「かなり」
　　推量を示す「おそらく」「きっと」（呼応→「だろう」）
　　打消を示す「決して」「断じて」「少しも」（呼応→「ない」）
　　願望を示す「ぜひ」「どうか」「なるべく」（呼応→「たい」「ほ

しい」）

疑問を示す「なぜ」「どうして」（呼応→「か」）

比況を示す「まるで」（呼応→「ようだ」）

仮定を示す「もし」「万一」（呼応→「ても」「ば」「なら」「たら」）

打消推量を示す「まさか」「よもや」（呼応→「まい」「ないだろう」）

　副詞にはこのほか、「よく」「いつも」「ときどき」「しばらく」「ずっと」「そっと」「ひどく」「ぐんぐん」「とうてい」「だいたい」「まったく」「すっかり」「ますます」「いよいよ」「ようやく」「やっと」「とにかく」「たぶん」「案外」「いろいろ」「はじめて」「やがて」「しばらく」「だんだん」「せっかく」「ちっとも」「同時に」「必ず」「最も」「どうも」「めっきり」「あたかも」「当然」「本当に」「もちろん」

「ちょうど」「じゅうぶん」「ほとんど」「特に」「あるいは」「なお」「自ずから」などがあります。

【副詞の使用例】

家でのんびりとくつろいでいたら、妻が急に怒りだしたので、ひどく驚いた。「あんた、やってくれたわね！」だと。おそらく、いやきっと、冷蔵庫にしまってあったケーキを食べたことがばれたのだろう。だが、俺は断じて謝らないぞ。少しも悪くないのだからな。女房のやつ、ケーキがあるなら、あなたにぜひ食べてもらいたいわと言って差し出すのが当然なのだ。どうか、そういうやさしい女であってほしい。なのに、おまえはなぜ、どうして、そうガミガミと文句ばかり言うのか。まるで鬼のようだ。まさか本物の鬼ということはあるまいが。もしそうだとしても、俺はちっとも困らない。万一、本当に鬼ならば、鬼が島へ宝をとりに行かせる。欲張りなおまえのことだ、よもや、手ぶらで帰ってくることはないだろう。

第4章 わかりやすく、心地良い修飾のしかた

修飾する言葉は、修飾される言葉の近くに置く

　形容詞、形容動詞、副詞、この3種は「修飾語」と呼ばれます。
　修飾語と被修飾語（名詞、動詞）の位置をできるだけ近づけましょう。
　これらが離れていると、文の要点が見えにくいのです。

【例文】

　男はナイフをかっとなって手にした細い女の腕をねじり上げた。

Q ナイフを手にしたのは誰ですか？
　①「男」　②「女」
　（正解はおそらく、②）

【改善例1】

　かっとなってナイフを手にした女の細い腕を、男はねじり上げた。

【改善例2】

　男は、かっとなってナイフを手にした女の細い腕をねじり上げた。

解説

・「かっとなって」は、「ナイフを手にした」に掛かる修飾語。

・「ナイフを手にした」は、「女」に掛かる修飾語。

・「細い」は、「女の腕」に掛かる修飾語。

・修飾語は、被修飾語の 直前に置く のがベストです。

【例文】

　オペラはおそらく最もあらゆる芸術の中で、多くの要素が結集された総合芸術だ。

Q 「最も」という語は、次のどの語に掛かっているのでしょうか？

　①あらゆる芸術　　②多くの要素が結集された

　③総合芸術だ

　（正解はおそらく、②）

ここが残念!

・「おそらく」「最も」「あらゆる」と、副詞を立て続けに使用しているために、話の要点が見えません。

【改善例1】

　オペラというものは、あらゆる芸術の中で最も多くの要素が結集された総合芸術だろう。

第4章 わかりやすく、心地良い修飾のしかた

> 【改善例2】
> およそオペラというものは、あらゆる芸術の中で最も多くの要素が結集された総合芸術だろう。

解説

- 修飾語と被修飾語を直結し、「最も多くの要素が結集された」としました。

補足

- 「おそらく」というのは、「断言することはできないけれど、たぶんこうではないかなと自分は考えている」という場合に使う語です。その「おそらく」に続けて、「あらゆる芸術の中で最も多くの要素が結集された総合芸術だ」と断定するのは、明らかに矛盾しています。「おそらく」という語を使うなら、それに対応する語「だろう」を用いるのが妥当です。
- この例文の場合は、「おそらく」という語がなくても十分に意味が通じます。むしろ、ないほうがすっきりして、意味が通じやすくなります。
- 数あるオペラの中でも「このオペラは」と対象を限定する場合はいいのですが、「オペラは」と一般名詞を主語に据えると、「その後に続く話は単なる一般論だろう」と読者が予断する可能性は高いといえます。そこで、「およそオペラというものは」としました。これは「総じてオペラと称されるものは」という意味で、「芸術分野で独自の位置を占めるオペラなるものに関する私の考察を述べます」と、書き手のスタンスを表明する効果があります。

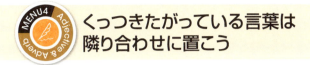
くっつきたがっている言葉は隣り合わせに置こう

　飾る言葉は、飾られる言葉にできるだけ近づけましょう。一番良いのは、隣り合わせにしてやることです。くっつきたがっているもの同士を、くっつけてやると良いのです。

> 【例　文】　密かにいつもきれいな花を届けてくれたのはあの人だ。
> 【改善例】　きれいな花をいつも密かに届けてくれたのはあの人だ。

> 【例　文】　なんとなく雨の降る日は気分がすぐれない。
> 【改善例】　雨の降る日はなんとなく気分がすぐれない。

> 【例　文】　やっとさみしい暗い森の中で灯りを見つけた。
> 【改善例】　暗くさみしい森の中でやっと灯りを見つけた。

> 【例文】　お昼をほとんど今日は食べなかった。
> 【改善例】　今日はお昼をほとんど食べなかった。

> 【例文】　めっきり最近は疲れやすくなった。
> 【改善例】　最近はめっきり疲れやすくなった。

> 【例文】　本気でこの商品をあなたは薦めているのですか。
> 【改善例】　あなたはこの商品を本気で薦めているのですか。

> 【例文】　それほど馬鹿では私はありません。
> 【改善例】　私はそれほど馬鹿ではありません。

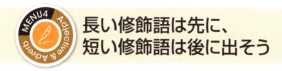

長い修飾語は先に、短い修飾語は後に出そう

1文に2つ以上の修飾語を使うときは、長いものを先に、短いものを後に持ってくるようにすると明快な文になります。その際、ただ「長いものから先に、短いものを後に」配置すれば良いのではなく、「くっつきたがっているものはくっつける」ことをお忘れなく！

【例文】
赤い 母が買ってくれた 服 がとても気に入っています。

【改善例】
母が買ってくれた 赤い 服 がとても気に入っています。

【例文】
女優のようにきれいな フランスに住んでいる 叔母 がいます。

【改善例】
フランスに住んでいる 女優のようにきれいな 叔母 がいます。

第4章 わかりやすく、心地良い修飾のしかた

【例　文】　ようやく甘いお待ちかねのデザートが出てきましたね。
【改善例】　お待ちかねの甘いデザートがようやく出てきましたね。

【例　文】　どかんといきなり、ともかく3キロばかり痩せました。
【改善例】　ともかく、いきなりどかんと3キロばかり痩せました。

【例　文】　やはりガリガリにとことん痩せてなるのは健康的なダイエットとはいえません。
【改善例】　とことん痩せてガリガリになるのはやはり健康的なダイエットとはいえません。

【例文】

　うちの近所の、仕事がたてこんで忙しいときによく使うというか、出前もしてくれる蕎麦屋があるのですが、そこへ行きましょうか。

Q1 「そこ」とは、どこですか？

　　①うちの近所　　②この文章を書いた人の仕事場

　　③蕎麦屋　　　　④行き先はまだ決まっていない

　　（正解はおそらく、③）

Q2 「蕎麦屋」に掛かる修飾語はどれですか？

　　①うちの近所の

　　②仕事がたてこんで忙しい

　　③仕事がたてこんで忙しいときによく使う

　　④出前もしてくれる

　　⑤「そこ」

　　（正解はおそらく、①と③と④）

ここが残念！

・１文に３つの修飾語が使用されています。そのこと自体に問題があるわけではありません。しかし、３つを並べる順序が適切ではありません。

・短い修飾語を先に持ってくると、読んでいくうちに次第に印象が薄れてしまいます。

【改善例1】

　うちの近所に、仕事がたてこんで忙しいときによく使うというか、出前もしてくれる蕎麦屋があるのですが、そこへ行きましょうか。

解説

・致命的欠陥を改善するのはとりあえず措いておき、「うちの近所の」を「うちの近所に」と直しました。

【改善例2】

　仕事がたてこんで忙しいときによく使うというか、出前をとる蕎麦屋がうちの近所にあるのですが、そこへ行きましょうか。

解説

・「仕事がたてこんで忙しいときによく使う／出前もしてくれる／うちの近所の／蕎麦屋」というように、3つの修飾語を長いものから順に並べると、言わんとすることが伝わりやすくなります。ただし、この場合は、「そこへ行きましょうか」という文につなげるために、「うちの近所の」は後回しにし、「蕎麦屋がうちの近所にあるのですが」としました。

・「出前もしてくれる蕎麦屋」という言い回しは間違いではありませんが、一貫して書く人の側から語るなら、「出前もしてもらえる」あるいは「出前をとる」とするのがより適切だと思われます。

【改善例3】

　仕事がたてこんでいるときによく出前をとる、うちの近所の蕎麦屋へ行きましょうか。

解説

- 「仕事がたてこんで忙しいとき」の「忙しい」は、省略しても意味が通じます。
- 「よく使うというか、出前をとる」という箇所は、単に「よく出前をとる」としたほうがすっきりします。
- 例文は、不必要な語が多いため、読みにくいと感じられます。口頭でやりとりするなら例文のとおりで良いでしょうが、人に読んでもらう場合は、不必要な語をできるだけ省き、肝腎な点がきちんと伝わるようにしたいものです。

例外もあるから、長さにのみこだわらないこと

「修飾語は長いものが先、短いものは後」というようにすると、わかりやすい文になります。むろん例外はあり、長いものから順に並べても、わかりにくい場合もあります。

【例文】
　昭和の核家族の営みを浮かび上がらせたと評される、ひらがなを多く使った独特のやわらかい文体で、固有名詞とカタカナを排した、全文横書きのスタイルで芥川賞を受賞した小説『ａｂさんご』を、あなたは読みましたか。

Q　小説『ａｂさんご』が芥川賞を受賞する理由としてふさわしいのは次のどれだと、あなたは思いますか？
　①昭和の核家族の営みを浮かび上がらせたと評されること
　②ひらがなを多く使った独特のやわらかい文体であること
　③固有名詞とカタカナを排していること
　④全文横書きのスタイルであること
　（正解はおそらく、①と②と③）

ここが残念！

・長い修飾語から順に並べていても、なおわかりづらい文です。
・最後に「全文横書きのスタイルで芥川賞を受賞した」とあるので、

「横書きだから芥川賞を受賞したのか」と解釈する人もいるでしょう。

【改善例】

　全文横書きのスタイルでありながら、固有名詞とカタカナを排し、ひらがなを多く使った独特のやわらかい文体で、昭和の核家族の営みを浮かび上がらせたと評され、芥川賞を受賞した小説『ａｂさんご』を、あなたは読みましたか。

解説

・修飾語の長短にかかわらず、修飾する語の直後に修飾される語を配置することが望ましいといえます。

補足

- 例文では、「昭和の核家族の営みを浮かび上がらせたと評される」理由として、「ひらがなを多く使った独特のやわらかい文体」を挙げています。
- 「ひらがなを多く使った独特のやわらかい文体」に掛かる修飾語としてふさわしいのは、「固有名詞とカタカナを排し」という箇所です。
- 「全文横書きのスタイル」だから「ひらがなを多く使った独特のやわらかい文体」になったわけではないでしょう。むしろ話は逆で、「全文横書きのスタイルでありながら、固有名詞とカタカナを排し」なおかつ「ひらがなを多く使ったから独特のやわらかい文体になった」のだとするのが適切だと思われます。

第4章 わかりやすく、心地良い修飾のしかた

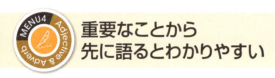

重要なことから先に語るとわかりやすい

【例文】
　メニューの品数が多いので、飽きずに食べられるという点が魅力の、だから残業するときは必ず腹ごしらえに行くけど、特別おいしくもなく安くもない、うちの会社の隣の洋食屋はなかなかいいよ。

Q この文章を書いた人は、「会社の隣の洋食屋」を気に入っているのでしょうか？
　①気に入っている　　②気に入らない
　（正解はおそらく、①）

ここが残念!

・洋食屋に関する説明が延々と続くので、次第に印象がぼやけてきます。
・店を褒めているのか、けなしているのか、どちらともつきません。まずくて高いけれど、近くにあるから仕方なく利用しているのか、と読めてしまいます。

【改善例1】
　うちの会社の隣にある洋食屋はなかなかいいよ。特別おいしくもなく安くもないが、残業するときは必ず腹ごしらえに

行く。メニューの品数が多いので、飽きずに食べられるという点が魅力だ。

解説

・無理に1文にまとめようとせず、3つの文に分けました。
・いきなり「結論」を述べて→「こんな短所もあるが、結論に大きく影響するものではない」→「その理由は、こういう長所があるからだ」という展開です。

┌─【改善例2】─────────────────────────
うちの会社の隣にある洋食屋はなかなかいいよ。メニューの品数が多いので、飽きずに食べられるという点が魅力だ。残業するときは必ず腹ごしらえに行く。特別おいしくもなく安くもないが。
└──────────────────────────────

解説

・改善例1の3つの文を並べ替えてみました。「うちの会社の隣にある洋食屋はなかなかいい」と始めていながら、最後に「特別おいしくもなく安くもないが」と言うので、いいのか悪いのか、どっちつかずの印象です。それでも、文の冒頭で「なかなかいいよ」と断言されたインパクトは読者の頭に残っているでしょう。「なんだかんだ言っても、結局、わりといい店だということね」と解釈する人がほとんどでしょう。

87

文章が「あなたのイメージ」をつくる

　美しく整った文章を読むと、「これを書いた人はきっと素敵な人だろう」と好い印象をいだくのではないでしょうか。

　書いたのが女性だとわかっている場合は、「美人イメージ」ができあがっていくことと思います。

　書き手が男性である場合は、「誠実でやさしくて、考えも行動もしっかりした人、仕事がデキる人」と、ひとりでに想像がふくらんでいくでしょう。

　SNSでのやりとりを通じて、未知の人物に対するイメージが形づくられていくというのは、きっとあなたも経験されていることだと思います。

　良いイメージが脳に刻まれると、いつかお目にかかったとき、少なくとも３割は底上げされて見えるでしょう。「期待したほどじゃなかったけれど、わりといい感じ」と好意的に解釈してしまうのです。

　想像していたとおりの素敵な人であれば、うれしさ倍増です。自分の見立てに狂いがなかったことがうれしいのでしょうね、きっと。

　ところが、文章から受ける印象があまり良くない場合は、写真から推察してかなりの美人や美男子であろうと思われても、会う価値がないように感じてしまいます。そう感じさせるだけの理由があるのです。

　知性、感性、品性は文章ににじみ出ます。顔や着るものをどう繕ったところで、文章からうかがい知れるものは隠しようがなく、読む人に確実に伝わるものです。

第5章
「て・に・を・は」を完璧に使いこなす

わずか一文字でも、恐るべき決定力を持つ助詞

日本語を正確に使いこなせるかどうかは、
いわゆる「て・に・を・は」、つまり助詞を
どれだけ使いこなせるかにかかっています。
たった一文字の助詞が、一連の言葉の意味を
まるで変えてしまうこともあるからです。
文章を書くルールの中でも、
助詞の使用法は大きなウエイトを占めます。
ここは特に念入りに、おさらいをしてください。

第5章 「て・に・を・は」を完璧に使いこなす

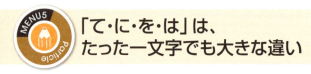

「て・に・を・は」は、たった一文字でも大きな違い

　舌ったらずの口調で、間延びしたしゃべり方をする人っていますよね。
「私が言いたいのはぁ〜、このまえ会社でぇ〜、部長にぃ〜、仕事のやり方をぉ〜、けなされてぇ〜」というように。
　この場合は、「て・に・を・は」つまり助詞が登場するたびに語尾を伸ばして強調しています。
　考えをまとめながら話すとそうなってしまいがちですが、聞く側としては、「なんとかでぇ〜」と語尾を伸ばされるたびに、「ちゃんと聞いてる？　しっかり聞いてよ」と暗に要求されているような気がしてしまうでしょう。

　その変形パターンもよく見られます。
「私が言いたいのはですね、このまえ会社でですね、部長にですね、その、なんというか、仕事のやり方をですね、けなされてですね」
　というように、助詞がくるたびに「ですね」をつけて話すことがクセになっている人は少なからずいます。

　良い機会ですから、助詞の使い方を再確認してみましょう。ここできちんとツボをおさえ、「て・に・を・は、マスターしたぞ」と自信をつけていただきたいのです。
　助詞を適切に使いこなしている人は好い印象を与えます。話し方だけでなく書くものにも、品格が感じられます。

一口に助詞といっても、その種類は全64種にものぼります。

●**格助詞**
が、の、を、に、へ、と、から、より、で、や

●**並立助詞**
の、に、と、や、やら、か、なり、だの

●**副助詞**
ばかり、まで、だけ、ほど、くらい、など、なり、やら、か

●**係助詞**
は、も、こそ、でも、しか、さえ、だに（「さえ」とほぼ同じ）

●**接続助詞**
ば、と、ても、けれど、が、のに、ので、から、し、て（で）、なりながら、たり、つつ

●**終助詞**
か、な、とも、ぞ、や

●**女性的な表現に特有の終助詞**
わ、こと、てよ、ことよ、もの、かしら

●**間投助詞**
さ、よ（ぜ）、ね、な、の

ここでは、助詞の中で最も使用頻度が高いと思われる格助詞について見ていきましょう。

「〜が」「〜の」「〜を」「〜に」「〜へ」「〜と」「〜から」「〜より」「〜で」「〜や」の10種類です。

私たちはふつう、特に意識することなく、この10種類を使い分けています。子供の頃から自然に耳で覚え、目でも学んで、すっかり馴染んでいるのですね。

ですから、助詞の使い方が適切でないと、聞いた瞬間（見た瞬間）に強い違和感を覚えます。違和感があるのは、意味が通じないからです。

【 例 文 】　節約のためで、うちの食事にした。
【改善例】　節約のために、うちで食事をした。

【 例 文 】　パジャマが売っている店を探しています。
【改善例】　パジャマを売っている店を探しています。

【 例 文 】　有名の作家の書いた本を読まない。
【改善例】　有名な作家が書いた本は読まない。

92

【例 文】　無名な作家でも、いい作品はある。
【改善例】　無名の作家でも、いい作品はある。

【例 文】　現在より過去にとさかのぼっていった。
【改善例】　現在から過去へとさかのぼっていった。

【例 文】　あなたと私の場合は、髪も長くてシャンプーは大
　　　　　変ですね。
【改善例】　あなたや私の場合は、髪が長いのでシャンプーが
　　　　　大変ですね。

【例 文】　酒や煙草とコーヒーがやめられない。
【改善例】　酒と煙草とコーヒーがやめられない。

【例 文】　彼の笑顔の裏には、怒りを感じた。
【改善例】　彼の笑顔の裏に、怒りが感じられた。

【 例 文 】　課長は書類をひらひら揺らしながら、僕の顔へと叩き付けた。
【改善例】　課長は書類をひらひら揺らしながら、僕の顔に叩き付けた。

【 例 文 】　そのとき私は怒りよりも悲しみのほうが何倍にも勝っていた。
【改善例】　そのとき私は怒りよりも悲しみのほうが何倍も勝っていた。

【 例 文 】　二人で恐怖のあまり抱き合い、しばらく動かなかった。
【改善例】　二人は恐怖のあまり抱き合い、しばらく動かなかった。

- 助詞は、いってみれば顔の表情をつくりだす表情筋のようなもので、また、文の関節のようなものでもあります。筋肉と関節を柔軟にして、全身しなやかに動かすことができるようにしましょう。

MENU5 particle

便利だけれど、どこか引っかかる「で」という言葉

　助詞の使い方が間違っているような、いないような、微妙なケースもあります。

　次の文中に、助詞の「で」が2回使われています。あなたはどう感じ、どう解釈しますか？

┌─【例文】─────────────────────┐

　私もついに歌って踊れる演技派の女優さんとして認めてもらえました。半年前、舞台で大きな役をもらいました。今日、舞台で大きな賞をもらいました！　お祝いのパーティやるから来てね。できれば、お花なんか持ってきてくれるとうれしいなあ～。

└──────────────────────────┘

Q1 半年前に、どんな役をもらったのでしょうか？
　　①新劇の主役　　　②映画の脇役
　　③ミュージカル舞台での大役
　　（正解はおそらく、③）

Q2 配役がなされた場所はどこですか？
　　①舞台上で　　　②楽屋で
　　③場所については示されていないのでわからない
　　（正解はおそらく、③）

95

Q3 女優として認められ、大きな賞を「どこで」受け取ったのですか？

①舞台の上で　　②自宅で

③場所については示されていないのでわからない

（正解はおそらく、③）

【改善例】

　私もついに、歌って踊れる演技派女優として認められました。半年前、舞台での大きな役をもらいました。そして今日、その舞台演技で大きな賞をいただきました！　祝賀パーティを開いてくれるそうなので、あなたもぜひ来てね。できれば、お花なんか持ってきてくれるとうれしいなあ〜。

解説

・例文にある「舞台で」という表現では、「舞台の上に呼ばれて、大役を任命されたのかな」「スポットライトのあたる華やかな舞台の上で賞状や賞品を手渡されたのかな」と解釈する人もいるでしょう。

・「舞台での大きな役」とすれば、予定されている舞台演目の大役を与えられたのだということが正確に伝わります。

・「その舞台演技で」とすれば、大役を得た舞台で力量を発揮して高く評価され、大きな賞を受賞したのだということが確実に伝わります。

・「舞台演技で」の「で」は、場所を示す「で」ではなく、理由や原因を示す「で」です。

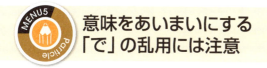
意味をあいまいにする「で」の乱用には注意

　助詞「で」には、主に次の３種類の使い方があります。

①動作が行なわれる場所を表す（例／部屋で読書する）
②手段を表す（例／パソコンで書く）
③理由や原因を表す（例／涙で景色がにじむ）

　理由や原因を表すために「で」を用いるときは、少し注意が必要です。

【例文】
あの人は美人で得だ。

Q 「あの人」はなぜ得をしているのでしょうか？
　①美人は人に好かれ、いろいろと面倒をみてもらえるから
　②美人は食事の量が半分で済むから
　③美人はたいてい背が高いから
　④美人は不美人よりもお金を拾う確率が高いから
　（正解はおそらく、①）

> 【改善例1】 あの人は美人なので得だ。
> 【改善例2】 あの人は美人だから人に好かれて、何かと得だ。

解説

・「美人で得だ」という表現が間違いだというわけではないのですが、「美人なので（または「美人だから」）人に好かれて、何かと得だ」とすれば、より明快に意味が伝わります。

> 【 例 文 】 その日はあいにく、仕事の都合で伺えません。
> 【改善例】 その日はあいにく、仕事の都合により伺えません。

解説

・「仕事の都合で」として、間違いではありません。「家庭の事情で」というのも同様で、これらは理由や原因を表す「で」に相当します。それでも、「仕事の都合により」「家庭の事情により」としたほうが、より丁寧な表現になり、相手に好い印象を与えることと思います。

> 【 例 文 】 地震で倒れない家に住みたい。
> 【改善例】 地震があっても倒れない家に住みたい。

解説

・「地震で倒れる」というなら適切な表現ですが、「地震で倒れない」という言い方には違和感があります。

【 例　文 】　この建物で日本で最も新しい耐震工法が用いられた。

【改善例1】　この建物には、日本における最新の耐震工法が用いられた。

【改善例2】　この建物で、本邦初の耐震工法が用いられた。

解説

・「この建物で、日本で最も新しい耐震工法」とすることもできますが、「で」が二度続くと読みにくいため、「本邦初」と書き換えました。

【 例文 】　まだ5時で眠い。

【改善例】　まだ5時では眠いはずだ。

解説

・「まだ5時だから眠い」とするほうが自然に感じられる場合もありますが、それではやや幼稚な印象になってしまうので、「まだ5時では眠いはずだ」としました。

補足

- 「動作が行なわれる場所を表す」「手段を表す」「理由や原因を表す」のいずれにも当てはまらない場合は、「で」を他の言葉に置き換えるか、または新たに言葉を加えて、的確な表現をするようにしていきましょう。

  例／「地震で倒れない」 ➡ 「地震でも倒れない」
  　　　　　　　　　　　　「地震があっても倒れない」
  　「ひまな時間でやる」 ➡ 「ひまな時にやる」
  　「勉強よりもクラブ活動で頑張る」
  　➡ 「勉強よりもクラブ活動を頑張る」

- 「では、そういうことで」「私はコーヒーで」「ちょうど1000円で」というように、「で」を乱用しないように気をつけてください。

- 不適切な言い回しを聞いた瞬間（見た瞬間）に強い違和感を覚えるのは良いことです。少しでも違和感があるときは、「どのように直せばより明快な表現になるだろう」と考えてみるくせをつけましょう。

「が」は出番が多いだけに、使うときは慎重に

格助詞10種類の中でも、「が」の出番は特に多いでしょう。
その使われ方は、主に次の2種類です。

①主語になる
（例／私が、あなたが、私たちが、彼が、彼女が、これが、それが）

②確定の逆接
（例／頑張ったが駄目だった、寒かったが風邪をひかずに済んだ）

　会話であれ文章であれ、「誰々が、何々が、何々したが」というように「が」を繰り返し使うと、相手はきっと、聞きづらい（読みづらい）と感じていることでしょう。

┌─【例文】─────────────────
　あなたがあの小説がとても面白いよと教えてくれた本ですが、私も昨日たまたまそれが本屋で目についたので思わず買ってしまったのですが、それからうちに帰ってすぐ読んでみたのですが、たしかに登場人物の会話などがうまいと思う箇所が少なくないのですが、ぐいぐい引き込まれるというほどのことがなくて、これが世間を騒がすほど売れているというのがどうしてだろうということが頭から離れず、それがやっぱりタイトルが魅力的で人が惹き付けられるからだという自

101

分なりの結論が出せて、なんだそういうことだったのかとわかったのが良かったのですが、肝腎の本が中身が期待したほどではなかったのが残念な点ですよ。

【改善例】

　あなたに「あの小説はとても面白いよ」と教えてもらい、私も昨日たまたま本屋へ行って目についたので、思わず買って帰り、さっそく読んでみたところ、たしかに登場人物の会話など、うまいと感じさせる箇所は少なからずあり、しかし、ぐいぐい引き込まれるというほどではなかったせいか、こんなものが世間を騒がすほど売れているというのは何故だろうと頭の片隅で考え続け、やはりタイトルに人を惹き付ける魅力のあったことに気づき、なんだそういうことだったのかと、自分なりに考えをまとめられたのは良かったけれど、肝腎の中身が期待したほどではなかったという点は残念です。

解説

・例文と同様に、改善例もくだくだしい長文ですが、あえて長文のまま、また、内容を変えずに、助詞「が」の使用回数を減らすことを試みています。

・「それが」「これが」など、主語になる部分を省略しても意味が通じる場合は削除しました。

・例文では、主語になる「が」と、確定の逆接になる「が」を合計22回用いています。対して、改善例では2回です。

102

- より正確にいうと、例文で「確定の逆接」として用いられた「が」は５箇所あり（二重線の箇所）、そのうち３つは、逆接の意味をなしていません。（「面白いよと教えてくれた本ですが」「思わず買ってしまったのですが」「すぐ読んでみたのですが」）
- 「が」の代わりに、「に」「は」「の」「けれど」などを用いることが可能です。
- 上記の改善例のように、「が」をできるだけ使わずに書き直すことは、筆力向上をはかる良いレッスンになります。

【例文】

　　長い文はわかりにくく、短い文はわかりやすいといわれていますが、100％の真実ではありません。

Q 上の文中の「いわれていますが」を「○○○○」（ひらがな４文字）に置き換えるとしたら、次のどれが適当だと思いますか？
　　①いうのが　　②いうのは　　③いうのに
　　（正解は、②）

【改善例】

　　長い文はわかりにくく、短い文はわかりやすいというのは、100％の真実ではありません。

103

- 短い文ならわかりやすいというのは、100％の真実ではありません。文の長短とわかりやすさとは本質的に異なる次元のことです。長くてもわかりやすい文、短いのにわかりにくい文もあるのです。
- 助詞を自在に使いこなすことができれば、どんなに長くても一読ですっと理解できる明快な文にすることができます。しかし書き手の実力の差があらわれやすいので、自信のない人はできるだけ文を短くしたほうが良いですよということなのです。

● 「が」と「は」の違い

「〜が」／相手がまだ知らないであろう情報を示すときに用いる
「〜は」／相手がすでに知っていると思われる情報を示すときに用いる

【例文】　新たな事件は発生しました。
【改善例】　新たな事件が発生しました。

【例文】　さきほどもご説明したとおり、私が本社に戻ります。
【改善例】　さきほどもご説明したとおり、私は本社に戻ります。

> 【例文】　ただいま、社長はおいでになりました。
> 【改善例】　ただいま、社長がおいでになりました。

　むろん例外もあり、相手がすでに知っているはずのことについて語る際にも「が」を用いる場合があります。

> 【例文】　本当に、彼がそう言ったのですね。

解説

・「彼はそう言ったのですね」ではなく「彼がそう言ったのですね」とすることにより、「誰が言ったのか」という点が強調されます。

第5章 「て・に・を・は」を完璧に使いこなす

川端康成の「伊豆の踊子」に学ぶ 助詞の高度な使いこなし方

「日本語を正確に使いこなせるかどうかは、助詞をどれだけ使いこなせるかにかかっている」という説があります。まさしくそのとおりだと私も考えています。

助詞の中でも殊に「が」の出番は多く、しかも、「が」を「は」に置き換えて意味がそう変わらない場合が多々あります。

そのいっぽうで、「が」を「は」にすると、意味がまるで違ってしまう場合もあります。

「が」と「は」の使い分けはむずかしいものです。それを神業ともいえる高度なテクニックで使いこなしている好例があります。川端康成『伊豆の踊子』の一節です。

【例文】
　踊子はやはり唇をきっと閉じたまま一方を見つめていた。私が縄梯子に捉まろうとして振り返った時、さよならを言おうとしたが、それも止して、もう一ぺんただうなずいて見せた。

Q1 さよならを言おうとして止したのは誰ですか？
　①「私」　②「踊子」　③この文中には示されていない人
　（正解はおそらく、②）

Q2 もう一ぺんただうなずいて見せたのは誰ですか？
①「私」　②「踊子」　③この文中には示されていない人
（正解はおそらく、②）

解説

- 作者川端康成は「私は」ではなく「私が」と書いています。もしもこれが、「私は」だったなら、さよならを言おうとして止したのも、もう一ぺんただうなずいて見せたのも、「私」がしたことと解釈するのが妥当でしょう。
 （私は縄梯子に捉まろうとして振り返った時、さよならを言おうとしたが、それも止して、もう一ぺんただうなずいて見せた。）
- 「私は」ではなく「私が」としたことにより、その後の文の意味が決定づけられています。
- 「踊子はやはり唇をきっと閉じたまま一方を見つめていた。（そして踊子は）、私が縄梯子に捉まろうとして振り返った時、さよならを言おうとしたが、それも止して、もう一ぺんただうなずいて見せた」と読むのが適切だと思われます。

補足
- 相手がすでに知っていると思われる情報を示すときには「は」を用い、相手がまだ知らないであろう情報を示すときには「が」を用いる、というのは、あくまでも目安です。
- 読者にとって未知の情報であっても、「〜は」という表現こそ適切だという場合は多々あります。
 （例／はじめまして。私は安藤智子と申します。←「私が安藤智子と申します」という表現は適切ではありません。）

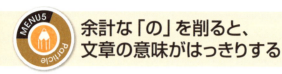

余計な「の」を削ると、文章の意味がはっきりする

助詞「の」には、主に次の３種類の使い方があります。

①所有を示す
　（例／あなたの財布、私のお金）
②「こと」「もの」などを表す
　（例／シャンパンを飲むのが好き、高いのがいい）
③断定・質問を表す
　（例／また飲みに行ったのですね、また飲みに行ったの？）

「の」を連発する文は読みにくく、わかりづらいものです。

> 【例　文】　駅の前のコンビニの横の掲示板のアルバイトの募集のお知らせを見て来ました。
> 【改善例】　駅前のコンビニの横にある掲示板でアルバイト募集のお知らせを見て来ました。

「〜が」を「〜の」と言い換えると、響きが柔らかくなることがあります。ただし、「の」の使用法として適切でない場合もあります。

> 【例文】　君の作成した企画書、とても良く出来ていたよ。
> 【改善例】　君が作成した企画書、とても良く出来ていたよ。

「こと」や「もの」を表す「の」なのか、あるいは、「〜なの」「〜なのよ」「〜なのです」という意味なのか、判別しにくい場合もあります。

> 【例文】　彼に指輪を買ってもらったの、唯一のいい思い出よ。
> 【改善例】　彼に指輪を買ってもらったことが、唯一のいい思い出よ。

「あなたの財布」「私のお金」というように、所有を示すために「の」を用いているのか？　いや、そういうわけではなさそうだが、本当はどうなんだ？　と判断に苦しむ場合もあります。

> 【例文】　○○先生の本を書店で探しました。
> 【改善例】　○○先生がお書きになった本を書店で探しました。
> 　　　　　　（または、○○先生について書かれた本を書店で探しました。）

109

解説

- 安易に「の」を使うと、思わぬ誤解が生じることがあります。
- 「所有を示す」「こと・ものなどを表す」「断定・質問を表す」場合は良いとして、それ以外の「の」は、できるだけ他の言葉に書き換えるようにしましょう。誤解を防ぐためです。

補足

- 「所有」「こと・もの」「断定・質問」に当てはまらなくても、「の」をそのまま活かしたほうが良い場合もあります。

【例文1】あの人の背の高いのがうらやましい。
【例文2】あの人は背が高いからうらやましい。

例文2よりも1のほうが、「こなれた」表現といえるでしょう

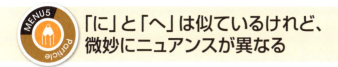

「に」と「へ」は似ているけれど、微妙にニュアンスが異なる

　助詞の「に」と「へ」を入れ替えても、ほとんどの場合、文の意味は変わりません。しかし、ニュアンスは変化します。

【例文】　今すぐ、こっちへ来い。
【改善例】　今すぐ、こっちに来い。

【例文】　用事が済んだなら、さっさと自分の部署へ戻れ。
【改善例】　用事が済んだなら、さっさと自分の部署に戻れ。

Q 例文と改善例とを比較して、どちらがより強く、「来い」「戻れ」と命じているように感じますか？

（正解はおそらく、改善例）

解説

・移動する方向や場所を示すときは、「〜へ」とするのが一般的です。
（例／図書館へ行く、西の方角へ向かう、韓国へ行く）
・「図書館に行く」「西の方角に向かう」「韓国に行く」としても、間違いではありません。

111

第5章 「て・に・を・は」を完璧に使いこなす

・改善例のように、「こっちへ」「自分の部署へ」と特定の場所を示す際に、「へ」ではなく「に」を用いると、他のどこでもない、「こっち」「自分の部署」と強調するニュアンスになります。

「〜へ」／ただ「方向」を表す。
「〜に」／他のどこ（どれ）でもない、特定の対象を表す。

【例文】　原点へ立ち戻ろう。
【改善例】　原点に立ち戻ろう。

【例文】　あの会社は全従業員へボーナスを支給する。
【改善例】　あの会社は全従業員にボーナスを支給する。

解説

・「原点に」「全従業員に」のような場合には、「へ」ではなく「に」を用いるのが一般的です。
・「原点へ立ち戻る」「全従業員へ支給する」としても、間違いではありません。その理由は、「立ち戻る」「支給する」という動詞が広い意味での移動とその方向を表しているからです。

112

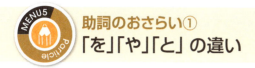

助詞のおさらい①「を」「や」「と」の違い

助詞「を」「や」「と」はそれぞれ、次のように使われます。

● 「を」
- 酒を飲む、ハシゴをする、危ない橋を渡る（動作の対象を示す）
- 鉄橋を渡る、静岡を通る、名古屋を過ぎる（移動時の経路を示す）
- 会社を辞める、嫁ぎ先を飛び出す（移動の起点や経由点を示す）

● 「や」
- 服やアクセサリーを買いたい（並立を示す）

● 「と」
- 友人と会う、恋人と二人きりになる（共同の相手）
- 裏切者となる、バツイチとなる（作用の結果）
- ふざけるな！　と怒鳴った（引用を示す）
- 家庭裁判所と地方裁判所と最高裁判所（並立を示す）

解説

- 「嫁ぎ先を飛び出す」を「嫁ぎ先から飛び出す」とすることも可能。
- 「裏切者となる」を「裏切者になる」とすることも可能。
- 「服やアクセサリー」とするよりも、「服とアクセサリー」としたほうが、自分の欲求により近い場合は、臨機応変に使い分けてください。

113

・「友人と会う」を「友人に会う」とすることも可能。

● 「と」の使い方に関連して

「と」「とか」「だの」「やら」「なり」を1つだけ使う場合は、最初の語につけるのが最も据わりが良いでしょう。

【 例 文 】　砂糖と塩と酢と醤油と味噌を買ってきてくれ。
【変形例】　砂糖と塩、酢、醤油、味噌を買ってきてくれ。

【 例 文 】　砂糖とか塩とか、酢、醤油、味噌とか、いちいち
　　　　　　面倒だ。
【変形例】　砂糖とか塩、酢、醤油、味噌と、いちいち面倒だ。

【 例 文 】　砂糖、塩、酢、醤油だの味噌だのと、いちいち面
　　　　　　倒だ。
【変形例】　砂糖だの塩、酢、醤油、味噌と、いちいち面倒だ。

【例文】　砂糖と塩、酢やら醤油やら味噌やら、いろいろ買いに行った。
【変形例】　砂糖やら塩、酢、醤油、味噌と、いろいろ買いに行った。

【例文】　デパートなりスーパーなりコンビニなり、好きなところで買えばいい。
【変形例】　デパートなりスーパー、コンビニでも、好きなところで買えばいい。

【例文】　煮て食うなり焼いて食うなり、好きにしろ。
【変形例】　（↑慣用句なので、変形することはできません。）

第5章 「て・に・を・は」を完璧に使いこなす

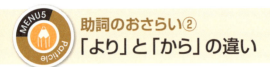

助詞のおさらい②
「より」と「から」の違い

「より」と「から」を使い分けるうえで目安となるのは、次の2点です。

「〜より」／比較を示す（例／俺よりあいつのほうがいいのか）
「〜から」／起点を示す（例／日本橋から銀座へ向かった）

【例　文】　午後1時より会議を始めます。
【改善例】　午後1時から会議を始めます。

解説

- 「1時より」「1時から」、どちらでも意味は通じますが、「よりは比較、からは起点」と頭にインプットしておけば、場に応じてより適切な使い分けができ、誤解を防ぐことができます。

【例　文】　チーズは牛乳よりつくる。
【改善例】　チーズは牛乳からつくる。

解説

・「より」と「から」、どちらがより適切なのか判断がつかないときは、「より」を「よりも」に言い換えて、意味が変わらないかどうか、確かめてみると良いのです。「チーズは牛乳よりもつくる？」これは明らかに変だと気づくでしょう。

【例文】 １日より４日は、全商品30％引きです。

Q １日と比べて、４日は全商品が３割安になるので得だといっているのでしょうか？
①そうだ　　②そうではない
（正解はおそらく、②）

➡答えが②「そうではない」ならば

【改善例】 １日から４日の４日間は、全商品30％引きです。

➡答えが①「そうだ」ならば

【改善例】 １日よりも４日のほうが、全商品30％引きになるのでお得です。

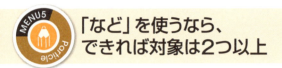

「など」を使うなら、できれば対象は2つ以上

助詞「など」の使われ方は、主に次の2種類です。

①程度を表す（例／赤、緑、黄色など、何色もある）
②軽視を表す（例／あいつなど社長の器じゃない）

具体例を挙げて説明するために「など」を使うときは、2例以上を挙げる必要があります。

> 【例文】 朝は洗顔などで時間をとられる。
> 【改善例】 朝は洗顔、着替え、食事などで時間をとられる。

解説

・例文のように一例を挙げるのみだと、他にどんなことがあるのか、読者に伝わりません。

> 【例文】 牛乳などのようにカルシウムを多く含む食品を摂ろう。

【改善例1】　牛乳やチーズなどのカルシウムを多く含む食品を摂ろう。

【改善例2】　牛乳のようにカルシウムを多く含む食品を摂ろう。

【 例 文 】　あなたなどはまさに、リーダーにふさわしい人物ですよ。

【改善例】　あなたはまさに、リーダーにふさわしい人物ですよ。

解説

・「など」は軽視を表す場合にも使われます。ですから、「あなたなど」といえば、「あなたじゃなくても別にいいのだけれど」「あなたなんか本当はふさわしくないのだけれど」という皮肉な意味になってしまいます。

・「私など、とてもリーダーなど務まりません」というのは、「私など」と謙遜しているわけですから、特に問題ないでしょう。「リーダーなど」の「など」は、「リーダーというような重要な任務は」という意味合いで、軽視を表す「など」とはまた別の使われ方です。

119

第5章 「て・に・を・は」を完璧に使いこなす

必要な「て・に・を・は」を省くと、話がわからなくなる

わずか一文字の助詞が、文章全体の構造を支配することがあります。

それほど重要な存在であるにもかかわらず、しかもたった一文字か二文字であるにもかかわらず、「より簡単にしよう」という意識が働くのか、大切にするべき助詞を省略してしまうことがよくあります。

【例文】

「もう恋なんかしない。男に懲りた」など心にもないことを言っているうち、年とって、誰にも相手にされない女になっちゃいそう。できればもっと自分に素直になりたいよ。本当は、若いイケメン新入社員の彼とすれ違うたび、胸がドキドキするんだもん。

【改善例】

「もう恋なんかしない。男には懲りた」などと心にもないことを言っているうちに、年をとって、誰にも相手にされない女になっちゃいそう。できればもっと自分に素直になりたいよ。本当は、若いイケメン新入社員の彼とすれ違うたびに、胸がドキドキするんだもん。

【 例 文 】　私はあなたのように大胆になれない。
【改善例】　私はあなたのようには大胆になれない。

【 例 文 】　パーティを開こうと突然言われても、急に支度できません。
【改善例】　パーティを開こうと突然言われても、急には支度できません。

【 例 文 】　来たことない、豪華なホテルだわ。
【改善例】　来たことのない、豪華なホテルだわ。

【 例 文 】　そんな人だって思わなかった。
【改善例】　そんな人だとは思わなかった。

【 例 文 】　ふたりの愛だけで一生やっていけない。
【改善例】　ふたりの愛だけでは一生はやっていけない。

第5章 「て・に・を・は」を完璧に使いこなす

【例文】　お金だけでも一生やっていけない。
【改善例】　お金だけでも、一生はやっていけない。

【例文】　うちの母は、いまだにパソコンをいじったことがない。
【改善例】　うちの母は、いまだパソコンをいじったことがない。

【例文】　うちは、いまだ電子レンジを持っていません。
【改善例】　うちは、いまだに電子レンジを持っていません。

【例文】　今月分の家賃は、来月15日まで持って行きます。
【改善例】　今月分の家賃は、来月15日までに持って行きます。

【例文】　15日まで、利息は1,000円です。
【改善例】　15日までで、利息は1,000円です。

> 【例文】 すぐ持って行ったところ、利息を1,500円とられた。
>
> 【改善例】 すぐに持って行った。ところが、利息を1,500円とられた。

では、ここでクイズです。

> 【例文】 私は、平日にジョギングをしません。

Q 平日でなければ、ジョギングをするのでしょうか？
　①する　　②しない　　③どちらともいえない
　（正解はおそらく、③）

【例文】　私は、平日はジョギングはしません。

Q 平日も、ジョギング以外の運動ならするのでしょうか？
　①する　　②しない　　③どちらともいえない
　（正解はおそらく、③）

【例文】　私は、平日にはジョギングもしません。

Q 平日にはジョギングをはじめとして運動は一切しない、という
　ことでしょうか？
　①そのとおり　　②そうではない　　③どちらともいえない
　（正解はおそらく、①）

休日は別として、平日はまったく運動をしないということならば、

【改善例1】　私は、平日にはジョギングや運動の類いはしま
　　　　　　せん。
【改善例2】　私は、平日の運動は一切いたしません。

というようにすれば、言わんとすることが確実に伝わります。

第6章
接続詞の効果的な使い方

できるだけ「接続詞」を
省いてみよう

「そして」「だから」「しかし」といった語のことを
「接続詞」といいます。
それは交通標識のようなもので、
文章がこの先どちらの方向に進むのかを
事前に示すもの、とされています。
私の考えはそれとはやや異なり、
接続詞は料理でいえば
スパイスのような存在、と捉えています。
本当に必要な場面でのみ使ってこそ、
威力を発揮するのです。

第6章 接続詞の効果的な使い方

文章の流れをつくる接続詞の定番20種

　日本語には接続詞というものがあり、「語と語」「句と句」「文と文」といったように、文章を構成する要素同士を結ぶ役割を果たしています。

　接続詞は、以下の7種類があります。

●順接
そして、だから、それで、そこで、それでは、すると、したがって、ゆえに… （前項に続けて理由や原因を示すときに用いる。）

●逆接
が、だが、しかし、けれど、けれども、だけど、ところが、とはいえ、それでも… （前項と逆のことを述べるときに用いる。）

●付加・並列
そして、それから、また、および、ならびに…
（前項につけ加えることがあるときに用いる。）
（列挙する事柄が対等の関係にあることを示す。）

●累加
さらに、しかも、そのうえ、かつ、ただし…
（前項と別の物事をつけ加えるときに用いる。）

●説明

つまり、すなわち、要するに、いわば、ちなみに、なぜなら、たとえば…　（前項を別の言葉で言い換えたり、理由を説明したりするときに用いる。）

●選択

または、もしくは、あるいは、それとも、そのかわり、むしろ、ないしは、いっぽう…　（複数の例を挙げ、いずれかを選ばせるときに用いる。）

●転換

さて、ところで、では、それでは、ときに…　（話題を転換するときに用いる。）

　接続詞を用いることにより、前文と後文の関係が明快に示されます。このまま真っ直ぐ進むのか（順接）、これまでとは逆の方向へ向かうのか（逆接）、まるで別の話に切り換えるのか（転換）など、文章の流れていく方向をあらかじめ捉えることができるので、読者の理解はよりいっそう深まるでしょう。

　ただし、問題点もあります。

「そして」「だから」「ところが」「すなわち」と頻繁に方向を指示されると、うるさく感じられ、文の内容が頭に入りづらくなってしまうのです。

　接続詞というものは、いってみれば料理に用いるスパイスのようなものです。効果的に使えば素材の味が引き立ちますが、使い方を間違えると、とんでもない味になってしまいます。

127

夏目漱石「猫・草枕・坊ちゃん」と接続詞

第6章 接続詞の効果的な使い方

　接続詞をほとんど使わずとも、水が流れるようにスムーズに流れゆく文章を書くことは可能です。
　その良いお手本が、夏目漱石の小説の中にありました。
『吾輩は猫である』の書き出しは次のようになっています。

　吾輩(わがはい)は猫である。名前はまだ無い。
　どこで生まれたか頓(とん)と見当がつかぬ。何でも薄暗いじめじめした所でニャーニャー泣いていた事だけは記憶している。吾輩はここで始めて人間というものを見た。

　同じく、夏目漱石『草枕』の一節を見てみましょう。

　山路(やまみち)を登りながら、こう考えた。
　知に働けば角(かど)が立つ。情に棹(さお)させば流される。意地を通せば窮屈だ。とかくに人の世は住みにくい。
　住みにくさが高じると、安い所へ引き越したくなる。どこへ越しても住みにくいと悟った時、詩が生まれて、画(え)ができる。

　続いて、これもやはり夏目漱石『坊っちゃん』の冒頭部分です。

　親譲(おやゆず)りの無鉄砲(むてっぽう)で小供の時から損ばかりしている。小学校に居る時分学校の二階から飛び降りて一週間程腰(ほどこし)を抜かした事がある。な

128

ぜそんな無闇をしたと聞く人があるかも知れぬ。別段深い理由でも
ない。新築の二階から首を出していたら、同級生の一人が冗談に、
いくら威張っても、そこから飛び降りる事は出来まい。弱虫やーい。
と囃したからである。小使いに負ぶさって帰って来た時、おやじが
大きな眼をして二階位から飛び降りて腰を抜かす奴があるかと云っ
たから、この次は抜かさずに飛んで見せますと答えた。

（ルビ／筆者）

解説

・例に挙げた３種類の文中に、接続詞は一度も使用されていません。
・接続詞なしに、これだけ複雑なことを明快に語ることができるの
　です。しかも、テンポよく話が進み、よどみがありません。

『坊っちゃん』の結末部分では、実に効果的に「だから」という接
続詞が使われています。

　清の事を話すのを忘れていた。──おれが東京へ着いて下宿へも
行かず、革鞄を提げたまま、清や帰ったよと飛び込んだら、あら坊
ちゃん、よくまあ、早く帰って来て下さったと涙をぽたぽたと落し
た。おれも余り嬉しかったから、もう田舎へは行かない、東京で清
とうちを持つんだと云った。
　その後ある人の周旋で街鉄の技手になった。月給は二十五円で、
家賃は六円だ。清は玄関付きの家でなくっても至極満足の様子であ
ったが気の毒な事に今年の二月肺炎に罹って死んでしまった。死ぬ
前日おれを呼んで坊ちゃん後生だから清が死んだら、坊ちゃんの御

寺へ埋めて下さい。御墓のなかで坊ちゃんの来るのを楽しみに待っておりますと云った。だから清の墓は小日向の養源寺にある。

（ルビ・アンダーライン／筆者）

解説

・「清」というのは「坊っちゃん」の乳母で、坊っちゃんが実の親以上に親しんだ人物です。清を亡くした坊っちゃんの悲しみが、最後の一行の「だから」という一語にこめられています。読んでいるほうは、思わず目に涙を浮かべてしまうでしょう。

 補足

・文章を書くうえで大切なのは、次の３点です。

①自分の感情や考えを表すのに最も適切な言葉を選ぶ
②言葉を使って考えを組み立てる
③言葉を適切に組み立てて文を構成する

・慎重に「語」を選び、語と語を組み合わせて、1つの「文」としてまとめあげていくわけです。
そうしてできあがった複数の文をつないで、論理的に展開しましょう。
文のつなげ方、並べ方が的確ならば、接続詞はむしろ省いたほうが読みやすいといえます。

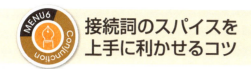

接続詞のスパイスを上手に利かせるコツ

　接続詞は、ここ一番という大事な場面で使って、最大限の効果を発揮するようにしましょう。
　そのためにはまず、接続詞の使い方に習熟する必要があります。

　さっそく練習に取りかかりましょう。
　次の設問の○○○に接続詞を入れるとしたら、ふさわしいものはどれか、選んでください。（3文字とは限りません。）

Q1 トラブル発生！　こちらのミスなのか、○○○突発的な事故なのか、原因はまだ不明です。部長！　どうしたら良いでしょう？
　①それとも　　②または　　③あるいは
　（正解は、①と②と③）

Q2 先方はかなりお怒りだ。弁解は通用しない。○○○、やめておけ。
　①しかし　　②だから　　③さらに　　④ゆえに
　（正解は、②と④）

Q3 この場合、謝罪することが先決ですね。○○○、大至急ということになりますか？
　①すると　　②および　　③ただし

（正解は、①）

Q4 お互い、冷静にならなければ。○○○、少し時間をおけということだ。

①すなわち　　②けれども　　③とはいえ

（正解は、①）

Q5 承知しました。○○○、納期まであまり時間がありません。

①要するに　　②けれども　　③もしくは　　④それでも

（正解は、②と④）

Q6 そのことなら気にするな。○○○、忘れてしまえ。

①なぜなら　　②それでは　　③もしくは

（正解は、③）

Q7 部長がそうおっしゃるなら、今日はいったん作業を中止します。○○○、明日からまたフル稼働して残りを仕上げます。

①むしろ　　②しかも　　③そして

（正解は、③）

Q8 今、先方から電話があって、データ開封の手続きにミスがあったそうだ。○○○、手違い、勘違いだったわけだな。

①さらに　　②いわば　　③それに

（正解は、②）

Q9 ひと安心です。○○○、部長、例の件はどうなりましたでし

ょうか。

①そのうえ　　②あるいは　　③ところで　　④ときに

（正解は、③と④）

Q10 ん？　例の件って、○○○君の見合いのことかな。

①ひょっとして　　②もしかすると　　③やはり

（正解は、①と②と③）

Q11 はい、実をいうと僕、写真を見てすっかりその気になって
いるんです。○○○、贅沢を言うようですが、けっこうこ
だわっちゃう点もあります。

①ただ　　②しかも　　③そこで

（正解は、①）

Q12 写真を見てわかるとおり、相手のお嬢さんはなかなか美人
だよ。スタイルもいい。○○○、ちょっと愛想がない。

①そのうえ　　②ならびに　　③ところが　　④いっぽう

（正解は、③と④）

Q13 美人で愛嬌があって、○○○料理上手だといいんですけど
ね。

①さらに　　②けれど　　③そのうえ　　④だから

（正解は、①と③）

Q14 ブスで、おっかなくて、○○○味オンチだったら、どうす
るつもりだ。

133

①むしろ　　②だけど　　③さらに　　④しかし
（正解は、③）

Q15 あ、○○○味オンチでも、食べることが嫌いでなければ、断ったりしません。味覚は、変えようと思えば変えられますから。
①たとえ　　②もしも　　③ところが
（正解は、①と②）

Q16 そうなのか？　○○○、どんな方法があるんだ。
①なぜなら　　②ちなみに　　③たとえば　　④いっぽう
（正解は、②と③）

Q17 本当においしいものを出す店に通って、そこの味を舌に覚えこませればいいんです。○○○、昔ながらの家庭料理の作り方を教える料理教室に通うとか。なんなら、僕も一緒に通いますよ。
①しかし　　②または　　③だから
（正解は、②）

Q18 やる気満々だな。見合いの日取り、○○○場所については、決まり次第知らせよう。
①または　　②さらに　　③および
（正解は、③）

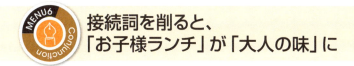

接続詞を削ると、「お子様ランチ」が「大人の味」に

　前項の例文では、努めて多くの接続詞を使用しました。結果は次のとおりです。

【例文】

「トラブル発生！　こちらのミスなのか、それとも突発的な事故なのか、原因はまだ不明です。部長！　どうしたら良いでしょう？」
「先方はかなりお怒りだ。弁解は通用しない。だから、やめておけ」
「この場合、謝罪することが先決ですね。すると、大至急ということになりますか」
「お互い、冷静にならなければ。すなわち、少し時間をおけということだ」
「承知しました。けれども、納期まであまり時間がありません」
「そのことなら気にするな。もしくは、忘れてしまえ」
「部長がそうおっしゃるなら、今日はいったん作業を中止します。そして、明日からまたフル稼働して残りを仕上げます」

「今、先方から電話があって、データ開封の手続きにミスがあったそうだ。いわば、手違い、勘違いだったわけだな」
「ひと安心です。ところで、部長、例の件はどうなりまし

でしょうか」

「ん？　例の件って、ひょっとして君の見合いのことかな」

「はい、実をいうと僕、写真を見てすっかりその気になっているんです。ただ、贅沢を言うようですが、けっこうこだわっちゃう点もあります」

「写真を見てわかるとおり、相手のお嬢さんはなかなか美人だよ。スタイルもいい。ところが、ちょっと愛想がない」

「美人で愛嬌があって、そのうえ料理上手だといいんですけどね」

「ブスで、おっかなくて、さらに味オンチだったら、どうするつもりだ」

「あ、もしも味オンチでも、食べることが嫌いでなければ、断ったりしません。味覚は、変えようと思えば変えられますから」

「そうなのか？　たとえば、どんな方法があるんだ」

「本当においしいものを出す店に通って、そこの味を舌に覚えこませればいいんです。または、昔ながらの家庭料理の作り方を教える料理教室に通うとか。なんなら、僕も一緒に通いますよ」

「やる気満々だな。見合いの日取り、および場所については、決まり次第知らせよう」

解説

・読んでおわかりのとおり、一連の文はどことなく幼稚な印象です。
　内容のせいだけでなく、接続詞を多用していることも一因です。

では、不要な接続詞を省いたら、どう変わるでしょう。

【改善例】

「トラブル発生！　こちらのミスなのか、突発的な事故なのか、原因はまだ不明です。部長！　どうしたら良いでしょう?」

「先方はかなりお怒りだ。弁解は通用しない。やめておけ」

「この場合、謝罪することが先決ですね。大至急ということになりますか」

「お互い、冷静にならなければ。少し時間をおけということだ」

「承知しました。けれども、納期まであまり時間がありません」

「そのことなら気にするな。忘れてしまえ」

「部長がそうおっしゃるなら、今日はいったん作業を中止します。明日からまたフル稼働して残りを仕上げます」

「今、先方から電話があって、データ開封の手続きにミスがあったそうだ。手違い、勘違いだったわけだな」

「ひと安心です。ところで、部長、例の件はどうなりましたでしょうか」

「ん?　例の件って、君の見合いのことかな」

「はい、実をいうと僕、写真を見てすっかりその気になっているんです。ただ、贅沢を言うようですが、けっこうこだわっちゃう点もあります」

「写真を見てわかるとおり、相手のお嬢さんはなかなか美人だよ。スタイルもいい。ところが、ちょっと愛想がない」

137

第6章 接続詞の効果的な使い方

「美人で愛嬌があって、料理上手だといいんですけどね」
「ブスで、おっかなくて、味オンチだったら、どうするつもりだ」
「あ、味オンチでも、食べることが嫌いでなければ、断ったりしません。味覚は、変えようと思えば変えられますから」
「そうなのか？　どんな方法があるんだ」
「本当においしいものを出す店に通って、そこの味を舌に覚えこませればいいんです。または、昔ながらの家庭料理の作り方を教える料理教室に通うとか。なんなら、僕も一緒に通いますよ」
「やる気満々だな。見合いの日取り、場所については、決まり次第知らせよう」

解説

・できる限り接続詞を省くことにより、文の動きがきびきびとしてきました。お子様ランチのようだった幼稚な文も、多少なりと大人びてきたといえるでしょう。

補足

・接続詞を多用すると幼稚な印象になりがちですが、文章を書く際に、接続詞はとても有効なツールです。
・まず1文を組み立て、接続詞を用いて次の文と接着してみると、文の流れが適切か否かが、一目でわかります。
・接続詞を適切に用いることにより、文章を論理的に展開していくことができます。
・全文を書き終えた後、なくても良いと思われる接続詞は削除しましょう。シャープな印象の文になります。

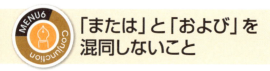

「または」と「および」を混同しないこと

接続詞を用いないと意味が通じない場合は、ぜひとも用いるべきです。

しかし、その用い方が適切でないと、わけのわからない文になってしまいます。

殊に、「または」「もしくは」「および」「ならびに」、この４種の接続詞は、次の点に注意して使い分ける必要があります。

- 「または」「もしくは」／複数の例を挙げ、いずれかを選ばせるときに使う。
- 「および」「ならびに」／前の項につけ加えることがあるときに使う。
- 「または」「もしくは」と「および」「ならびに」を混同しやすいので要注意。

【例文】　ハンカチならびにタオルがあれば貸してください。
【改善例】　ハンカチもしくはタオルがあれば貸してください。

【例文】 紫外線対策として、帽子**または**サングラスを着用
してください。

【改善例】 紫外線対策として、帽子**および**サングラスを着用
してください。

【例文】 緑茶**または**コーヒー、**もしくは**紅茶**ならびに**ビー
ル**および**ワインもあります

【改善例】 緑茶、コーヒー、紅茶、**または**ビール、**および**ワ
インもあります。

「または」「もしくは」と「および」「ならびに」を混同しない、と
いう注意事項を守り、きちんと使い分けていても、非常にわかりに
くい文になってしまう場合もあります。

【例文】

銀行口座を新設する際に持参する物は、印鑑**および**運転免
許証**または**パスポート、住民基本台帳カード、各種年金手帳、
各種健康保険証、各種福祉手帳などの公的な証明書、**および**
外国人登録証明書、**ならびに**現金です。

141

第6章 接続詞の効果的な使い方

Q1 例文によると、銀行口座を新設する際に、外国人登録証明書を持参する必要があるのは、どのような人ですか？
①日本在住の外国人　②世界中の外国人
③日本にいる日本人と外国人のすべて
（正解はおそらく、①）
（社会常識からそのように判断されますが、例文を読む限りでは不明。）

Q2 例文によると、銀行口座を新設する際に、誰にも共通して必須の物は何ですか？
①印鑑、現金、本人であることを確認できる公的な書類
②印鑑、現金、運転免許証またはパスポート、住民基本台帳カード、各種年金手帳、各種健康保険証、各種福祉手帳（合計7点）
（正解はおそらく、①）

【改善例】

　銀行口座を新設する際に持参する必要のある物は以下の３点です。
①印鑑
②新設する口座に預ける現金
③本人であることを確認できる公的な書類
（運転免許証、パスポート、住民基本台帳カード、各種年金手帳、各種健康保険証、各種福祉手帳、以上６点のいずれか１点）
付記／日本国籍を有していない方は、外国人登録証明書を持参する必要があります。

解説

・上記の改善例のように、「または」「もしくは」「および」「ならびに」を極力使わずに説明したほうが、わかりやすい文になる場合もあります。

人に好かれたいなら、過度の遠慮は禁物

「親しみを感じさせる身近な話題を取り上げよう」
「ネガティブな内容はポジティブに言い換えよう」
「人の関心を惹くキーワードをちりばめよう」

この3つの教えは、ネットコミュニケーションをより楽しく充実したものにしていくうえでとても有効だと思います。読む人の立場に立って考えながら書くことを心がければ、より説得力のある文章にすることができるはずです。

その反面、「書くならこういうことを、こんなふうに書きなさい」との教えを意識すればするほど、ありのままの感情が損なわれ、文章の精気まで衰えていくような気がします。

萎縮してしまって言いたいことも言えず、絶えず人の顔色をうかがっているような、卑屈な印象の文になってしまうこともあります。

読み手に対する配慮や遠慮も度が過ぎると、それは結局、人と人のつながりから広がる可能性を閉ざしてしまうのではないでしょうか。

「人を惹きつける文章」「好かれる文章」にしたいと望むなら、礼儀をわきまえつつ、自分が感じていることや考えていることをできるだけ「明快に」、相手に伝わるように「わかりやすく」書く。それが何よりも大事なことだと私は思っています。

第7章
読点ひとつで、文章の意味が変わる

「、」を打つべき箇所、打ってはいけない箇所

文のどこに読点を打つべきかについて、
学校で教わったことは、いったん忘れてください。
あれは単なる目安に過ぎません。
日本語文法の世界では、
読点の打ち方に関するルールが
まだ確立されていないのです。
この章では、私が文筆業の現場で体得した方法に加え、
複数の参考文献にあたってまとめた情報をご紹介します。

第7章 読点ひとつで、文章の意味が変わる

読点に強くなる①
「、」を打つ目安

　文章に句読点は欠かせません。1文の終りを示すものが句点「。」で、これがあるから、読者はここで一区切りなのだと理解することができます。
　では、読点「、」には、どんな意味があるのでしょう。
「読むときに息継ぎをする箇所」というのは正解ではありません。
　どんな場合に読点を打つ必要があるかについて、厳密な決まりはありませんが、目安とされているものはあります。

①語句を対等に並べる場合

【例文】
東京、川崎、横浜、横須賀、三浦の暴走族が一堂に会した。
（余談ながら、これはありえません。そんな広い場所はないっ！）

解説
・「東京・川崎・横浜・横須賀・三浦の」とすることもできます。

146

②長い修飾語が２つ以上ある場合

【例文】

・なんともいえず可愛らしい、素直そうな女の子だ。

・嫉妬に駆られた男は、獣のように、女の居所を探して街を
さまよった。

・頭の回転が速くてよく気が利く、この店で一番人気の、優
秀な販売員に担当してもらいたい。

解説

・修飾語が短い場合は、必ずしも「、」を打つ必要はありません。

【例文】

一番人気の優秀な販売員に担当してもらいたい。

③重文（主語と述語を持つ文が２つ以上含まれる文）における文の切れ目

【例文】

・時が経ち、世間知らずだった少女も大人の女になった。

・ふと振り返ると、そこにあの人が立っていた。

・彼の呼びかけにより、多くの賛同者が集まった。

・売上げは伸びたが、社長は社員の努力を認めなかった。

第7章　読点ひとつで、文章の意味が変わる

解説

・「意味の切れ目や逆接になるところでは必ず読点を打たなければ
　ならない」と学校で教わった人は多いでしょう。けれども、その
　教えが正しいとは限りません。

・「、」を打っても良いし、意味が通じるなら打たなくて良いとい
　うこともあります。

・重文は、必ずといっていいほど読点を必要とします。「ここで2
　つの文が分かれるから読点を打つ」と考えるようにしてください。

・重文は多くの場合、場面転換、順接、逆接、原因と結果、理由と
　結論、対比など、さまざまな要素が盛りこまれているものです。
　その1つひとつに意味の切れ目があるはずですが、必ずしも「、」
　を必要としない場合があります。このことについては後述します。

【例文】

　うちは代々の資産家で、といっても今は不動産をほとんど
手放してしまったが、家族全員の持ち株を合わせれば時価1
億は下らない。

解説

・文章術について説く本の多くが、「挿入句の前後に読点を打て」
　と指南しています。

・例文は「重文における文の切れ目に読点を打つ」というのと同じ
　カテゴリーに属し、文と文の境界に「、」を打つ例です。

④倒置文の場合

【例文】

　だから言ったでしょう、ママが、遊んでばかりいないで勉強しなさいって。

解説

・「主語→述語」という語順ではなく、主語よりも述語が先にきている文を、「倒置文」といいます。
・日本語は、語順に関する決まりがほとんどありません。文意が通じさえすれば、語をどのような順に並べることも可能です。

⑤ある語を強調する場合

　例：ものすごく、ばか、なのよ。
　　　（「ものすごくばかなのよ」とすることも可。）

⑥感動詞の後

　例：ああ、なんとおまえはばかなのだ。
　　　（「ああ我が子よ、なんとおまえはばかなのだ。おまえがこんなにばかだとは知らなかった」というように、読点なしに感動詞と名詞をつなげることがあって良いと私は思います。）

⑦逆接に変わるところ

　例：時間にはまだ早かったが、家を出た。
　　　（「時間にはまだ早かったが家を出た」とすることも可。）

149

⑧場面が変わるところ

　例：扉を開け、中に入った。

　　　（「扉を開けて中に入った」とすることも可。）

⑨「長い主部」の後

　例：学校を出たばかりで社会のことは何もわからない私が、重要
　　　な仕事を任されるわけがない。

　　　（「学校を出たばかりで社会のことは何もわからない私が重要
　　　な仕事を任されるわけがない」とすることも可。）

⑩「長い述部」の前

　例：私が、弊社の重要な取引先である御社の社長様に電話をかけ
　　　ることなどありません。

　　　（「私が弊社の重要な取引先である御社の社長様に電話をかけ
　　　ることなどありません」とすることも可。）

⑪「理由」や「原因」を説明した後

　例：学校を出たばかりなので、何もわかりません。

　　　（「学校を出たばかりなので何もわかりません」とすることも可。）

⑫「前提」や「状況」を説明した後

　例：仕事を終えたので、帰り支度をした。

　　　（「仕事を終えたので帰り支度をした」とすることも可。）

⑬読み違いをしそうな箇所

　例：こうした努力により、多くの賛同者を得た。

(「こうした努力により多くの賛同者を得た」とすることも可。)

> **解説**

- 要するに、1文に主語が1つならば、「、」がなくても意味は通じるのです。
- それに対して、1文に主語と述語が2つ以上含まれる場合は、文と文の切れ目に「、」を打つ必要があります。
- 「重文には読点が必要不可欠」と覚えておいてください。

第7章 読点ひとつで、文章の意味が変わる

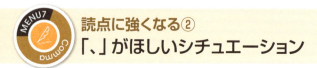

読点に強くなる②
「、」がほしいシチュエーション

　読点を打つ理由は、より読みやすく、意味内容の伝わりやすい文にするためです。
　読点なしで意味の伝わる文もありますが、読みやすいとは言えません。

【例 文】　褒められたらうれしく思わない人はいません。
【改善例】　褒められて、うれしく思わない人はいません。

【例文】
　仕事だからできて当たり前だし完成して当たり前だと思ったり、特にいくつもの修羅場をくぐり抜けてきた上司のあなたから見たらちょっとした成功なんて褒めるレベルのことではないと思ったりしていませんか。

【改善例】
　仕事だからできて当たり前だし、完成して当たり前だと思ったり、特に、いくつもの修羅場をくぐり抜けてきた上司のあなたから見たら、ちょっとした成功なんて、褒めるレベルのことではないと思ったりしていませんか。

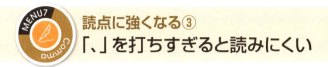

読点に強くなる③
「、」を打ちすぎると読みにくい

「、」がない文は読みにくく、だからといって「、」を打ちすぎると、かえって読みにくい文になります。

【例文】

　手に、荷物をいっぱい抱えた、もう80を過ぎていそうな女性が、よたよたと、バスに乗ってきたので、私も、貧血を起こしそうなほど、疲れていたが、席を譲った。

【改善例】

　手に荷物をいっぱい抱えた、もう80を過ぎていそうな女性がよたよたとバスに乗ってきたので、私も貧血を起こしそうなほど疲れていたが席を譲った。

解説

- 例文は「女性がバスに乗ってきた」＋「私は席を譲った」というように、主語と述語が2つある重文構造です。そのため、「乗ってきたので」の後に「、」を打ち、それ以降の文と区切る必要があります。
- 「手に荷物をいっぱい抱えた、もう80を過ぎていそうな女性」という箇所は、長い修飾語が2つあり、続けて読むと意味を理解しにくいので、「、」で区切ったほうが良いでしょう。

第7章 読点ひとつで、文章の意味が変わる

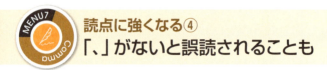

読点に強くなる④
「、」がないと誤読されることも

打つべき読点を打たずにいると、とんだ誤解を招きます。

【例文】
　僕は結婚式場の予約もしていたのに、式の直前に浮気をしたせいで破談になったカップルを知っている。

Q1 結婚式の直前に浮気をしたのは誰ですか？
　　①「僕」　②結婚式場の予約をしていた人
　　③結婚が破談になった人
　　（正解はおそらく、②と③）

Q2 結婚式場の予約をしていたのは誰ですか？
　　①「僕」　②結婚式の直前に浮気をした人
　　③結婚が破談になった人
　　（正解はおそらく、②と③）

ここが残念！

・「僕は結婚式場の予約もしていたのに」と書かれているので、「僕」が結婚式場の予約をしていたにもかかわらず、式の直前に浮気をして、破談になったのだと誤解される場合があります。

【改善例】

　僕は、結婚式場の予約もしていたのに、式の直前に浮気を したせいで破談になったカップルを知っている。

解説

・重文（主語と述語を持つ文が２つ以上含まれる文）では、文と文 の境界に「、」を打つ必要があります。

・「僕は」の後に「、」を打つことにより、ここから先は別の人の ことを語りますよと、読者に示すことができます。

【例文】

　その女性はうっすら涙を浮かべてつらそうに咳き込む赤ん 坊を見つめていた。

Q うっすら涙を浮かべてつらそうにしているのは誰ですか？

　①「その女性」　　②「赤ん坊」

　③「その女性」と「赤ん坊」の二人とも

　④「その女性」なのか「赤ん坊」なのか、定かでない

　（正解は、④）

【改善例１】

　その女性はうっすら涙を浮かべてつらそうに、咳き込む赤 ん坊を見つめていた。

【改善例2】

　その女性はうっすら涙を浮かべて、つらそうに咳き込む赤ん坊を見つめていた。

【改善例3】

　その女性は、うっすら涙を浮かべてつらそうに咳き込む赤ん坊を見つめていた。

解説

- 重文（主語と述語を持つ文が2つ以上含まれる文）の境界に「、」を打たないと誤解を招きますよと示す好例です。
- この重文には、「その女性」と「赤ん坊」という二人の人物が登場します。どこからどこまでが「その女性」について語る部分で、「赤ん坊」について語っているのはどの部分なのか、境界線をはっきりと示す必要があります。

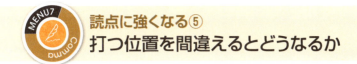

読点に強くなる⑤
打つ位置を間違えるとどうなるか

【例文】

　私は気分が悪くなるまで、酒を飲み続ける人の気が知れない。

Q 気分が悪くなるのは誰ですか？
　①「私」　　②酒を飲み続ける人
　（正解はおそらく、②）

ここが残念!

・「私は気分が悪くなるまで」とあるので、「私」の気分がよほど悪くならないと大酒飲みの心情を理解できない、と言っているような不可解な文になっています。

【改善例】

　私は、気分が悪くなるまで酒を飲み続ける人の気が知れない。

解説

・改善例では、「気分が悪くなるほど大量の酒を飲みたがる人の気が知れない」と言いたいのだということが伝わります。

補足

- 何度もいうようですが、重文（主語と述語を持つ文が2つ以上含まれる文）の境界に「、」を打つ必要があります。
- 例文の場合は、主語「私は」に対応する述語は「気が知れない」です。
- この例文のもう1つの主語である「人」に対応する述語は「酒を飲み続ける」で、この述語に「気分が悪くなるまで」という修飾語が掛かっています。
- 打ってはいけない箇所に点を打つことのないように注意してください。

　例：私は、気分が悪くなるまで、酒を飲み続ける人の気が知れない。

↑これでは、例文と同様に、「私の気分が悪くなるまで」と解釈されてしまいます。

【例文】

　今から収入のない、老後のことを心配してもしょうがない。

Q 「今から」ということは、さっそく今日から無収入になるのですか？

　①なる　　②ならない

　（正解はおそらく、②）

【改善例1】

　今から、収入のない老後のことを心配してもしょうがない。

【改善例2】

　収入のない老後のことを、今から心配してもしょうがない。

解説

- 「収入のない老後のこと」という一塊が意味を成しています。
- 「収入のない、老後のこと」と、「、」で区切っても意味は変わりませんが、「今から収入のない、老後のこと」とすると、「今から収入がなくなる」という意味になってしまいます。

159

「、」「。」「 」の使い方で文章がわかりやすくなる

適切な箇所に「、」「。」を打ち、会話の部分を「　」で括るようにすると、読む人に伝わりやすい明快な文にすることができます。

【例文】
　彼は強い口調で出版事業は博打のようなものでしょう。売れないと思っていても何かの拍子に売れてしまうかもしれませんよ。と営業部長に言い、そして、社長もその場にいることを意識しながら、だけどリスクを負う経営陣はなかなか首を縦に振ってくれませんよ。と続けた。

Q 「彼」は「営業部長」に、何と言ったのですか？
　① 「出版事業は博打のようなものでしょう。売れないと思っていても何かの拍子に売れてしまうかもしれませんよ」
　② 「強い口調で」
　③ 「だけどリスクを負う経営陣はなかなか首を縦に振ってくれませんよ」
　（正解は、①と③）

【改善例】

　彼は強い口調で、「出版事業は博打のようなものでしょう。売れないと思っていても、何かの拍子に売れてしまうかもしれませんよ」と営業部長に言った。そして、社長もその場にいることを意識しながら、「だけど、リスクを負う経営陣はなかなか首を縦に振ってくれませんよ」と続けた。

解説

・句点「。」は文の終りに打つものですが、「　」で括った台詞の文末に打つ必要はありません。

・「強い口調で」「売れないと思っていても」「だけど」という3箇所では、その語の後に「、」を打たなくても意味は通じます。したがって、それらの箇所では「、」を削除することが可能です。

【例文】

　隣の家のおばさんがこんにちはと突然押しかけてきて玄関先で荷物を広げて保険の説明パンフレットのようなものを何種類も並べだした。そしてご近所のよしみで売上げに協力してもらえないかしらぁ。お願いするわぁと猫なで声で哀願した。母は返す言葉もなくただ目を丸くしていた。僕は頭にきた。こんな図々しい振る舞いが許されていいのだろうか。

第7章 読点ひとつで、文章の意味が変わる

【改善例】

隣の家のおばさんが「こんにちは」と突然押しかけてきて、玄関先で荷物を広げ、保険の説明パンフレットのようなものを何種類も並べだした。そして、「ご近所のよしみで、売上げに協力してもらえないかしらぁ。お願いするわぁ」と猫なで声で哀願した。母は返す言葉もなく、ただ目を丸くしていた。僕は頭にきた。こんな図々しい振る舞いが許されていいのだろうか。

解説

- 「隣の家のおばさん」という１つの主語に対し、１文中に述語が３つあります。（押しかけてきた、荷物を広げた、パンフレットのようなものを並べだした）。この３つを読点なしにひとつながりにすることは可能ですが、動作の推移が読み取りにくくなるため、「、」を打ち、３つの動作を分かちました。
- 「こんな図々しい振る舞いが許されていいのだろうか」という台詞は、おそらくは心の中の声であって、実際に口に出したわけではないでしょう。よって、「　」で括らず、地の文のまま活かしました。
- ちなみに、「地の文」とは、会話文以外の文を指します。

第8章
文章のスタイルと格が決まるポイント!
「文末」が文体を決定づけ、「敬語」が文を格上げする

時には意識的に文末表現を変えると、
それまでとは違ったスタイルを開拓できます。
また、格調高い文体を目指すなら、
故事成語や学術用語よりも、
敬語を学習することをおすすめします。
敬語を正しく用いると文章の格が上がる、
といって過言ではないのです。

第8章 文章のスタイルと格が決まるポイント！

文章の意味は、文末まで読まないとわからない

　述部が文末に配置されている場合は、最後まで読まないと文全体の意味を捉えることができません。

「です・ます・だ・である・ではありません・ではない」のほか、「でしょう・だろう・かもしれません・かもしれない・しましょう・しよう・してください・してくれ・しないでください・するな」など、文末にきてやっと、メッセージが伝わります。

　また、文末をどう書くかによって、文のスタイル（文体）が決定づけられます。

　日本語の文章には、大きく分けて次の2種類の文体があります。

- 敬体：です・ます文体
- 常体：だ・である文体

　文の終りを「です・ます」で締めくくると、丁寧で礼儀正しい印象になります。そのいっぽうで、「です・ます」文体は、批評や評論、論文といった論理的な文章を書くにはふさわしくないと、一般に考えられています。

　ふさわしいとされているのは、「だ・である」文体です。文末が断定的であるため、述べていることの原因・理由・根拠などを力説する効果が望めるからです。

　しかし、「です・ます」「だ・である」いずれの文体であっても、論理的な文章にすることはできるはずです。それは文体の問題ではないのです。重要なのは、きちんと考えを組み立て、筋道を立てて論を展開しているか否かです。

「です・ます」「だ・である」の使い分け

MENU8 Writing Style & Dignity

一連の文章の中で、敬体と常体を混合して使うことが可能です。

たとえば、基本は「です・ます」文体とし、時に「だ・である」を使って、その部分を強調することができます。

【例文】

小学校時代は、作文、読書感想文、夏休みの絵日記にも苦労させられました。書きたいことなど何も思い浮かばないので、親や先生が喜びそうなフレーズをちりばめ、適当に仕上げていたように思います。

そのように、書くことは苦手な私でしたが、子供の頃から本好きで、いつも手元に本がありました。本がありさえすれば、テレビなどなくていい。面白いものなら一晩中読んで飽きない。本は一番の友達である。というのが私の実感です。

解説

・例文のように「です・ます」文体に、「だ・である」文体を適度に織り交ぜるのは効果的です。しかし、これをやりすぎると、高飛車な印象になってしまうことがあります。次に、やりすぎの例を見てみましょう。

165

第8章 文章のスタイルと格が決まるポイント！

【例文】

　小学校時代は、作文、読書感想文、夏休みの絵日記にも苦労させられたものである。書きたいことなど何も思い浮かばないので、親や先生が喜びそうなフレーズをちりばめ、適当に仕上げていたように思うのである。

　そのように、書くことは苦手な私であったが、子供の頃から本好きであり、いつも手元に本があったのである。本がありさえすれば、テレビなどなくていいのである。面白いものなら一晩中読んで飽きないのである。本は一番の友達である。というのが私の実感である。

ここが残念！

・「だ・である」文体の文で「である」を多用すると、とんでもなく高圧的な筆致になり、文全体ががなりたてているような印象を与えてしまいます。

【改善例】

　小学校時代は、作文、読書感想文、夏休みの絵日記にも苦労させられた。書きたいことなど何も思い浮かばないので、親や先生が喜びそうなフレーズをちりばめ、適当に仕上げていたように思う。

　そのように、書くことは苦手な私だったが、子供の頃から本好きで、いつも手元に本があった。本がありさえすれば、テレビなどなくていい。面白いものなら一晩中読んで飽きない。本は一番の友達である。というのが私の実感だ。

解説

・特に強調したい箇所に、「である」を使うと効果的です。
（この改善例では、「本は一番の友達である」という1箇所にのみ、「である」を用いました。）

補足

・文末に「のだ・のです・のである」を用いるのは、前文で述べた内容にさらに説明をつけ加えたい場合がほとんどです。そうでないのに「のだ・のです・のである」を用いると、文の流れが不自然になりがちです。
不自然でないかどうかを確かめるには、その文の頭に「なぜならば」をつけてみることです。
たとえば、「彼といつ結婚するのですか。（なぜならば、）それがあなたの運命なのだ（なのです）（なのである）」という文は、不自然な印象を受けます。
「彼と結婚しなさい。（なぜならば、）それがあなたの運命なのだ（なのです）（なのである）」は、自然な流れの文です。

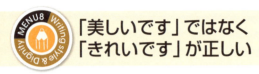

「美しいです」ではなく「きれいです」が正しい

「です・ます」は情緒的、「だ・である」は論理的、と決めつけることはできません。「です・ます」文体を用いて論理的な文を書くことは可能です。

ただ、「です・ます文体は文章法としての歴史が浅く、まだ完成されていない」とされている点が、弱点といえば弱点です。

たとえば、「あなたは美しい」という文を、「あなたは美しいです」と、です・ます文にすると、どことなく違和感があるのです。

> 【例文】　あなたは美しいです。
> 【改善例】　あなたは美しい女性です。

> 【例文】　あの子はこの村で一番貧しいです。
> 【改善例】　この村で一番貧しいのは、あの子です。

解説

- 形容詞は、たとえば「美しい」「美しく」「美しかった」というように変化するので、「です」の前に持ってくるのは不適切です。
- 「です」の前に配置して違和感がないのは、名詞、代名詞（あな

た・私・彼・彼女・これ・それ・あれ、etc.）といった、語尾が変化しない品詞に限られます。

・形容詞の後に名詞や代名詞をつけ、その後に「です」をつければ、違和感はありません。

・「です」ではなく「のです」とすることにより、違和感がなくなる場合もあります。

【例 文】　塩は白いです。
【改善例】　塩は白いのです。

【例 文】　あなたはきれいだ。
　　　　　　あなたはきれいです。

【例 文】　桜が見事だ。
　　　　　　桜が見事です。

【例 文】　お腹がいっぱいだ。
　　　　　　お腹がいっぱいです。

解説

・形容動詞の基本形はたいてい、「〜な」という形です。この「な」を取って「だ・です」をつけ、たとえば「真面目だ」「真面目です」

「不謹慎だ」「不謹慎です」というようにしてみて、特に違和感がなければ、そのまま使えます。(ほとんどの場合、違和感が生じることはありません。)

・副詞(とても・まったく・ときどき etc.)、連体詞(とんだ・ふとした・たいした・だいそれた etc.)に「だ・です」をつけると、「まったくだ」「まったくです」「ときどきだ」「ときどきです」というようになります。違和感がなければそのまま使って良いでしょう。

・違和感がある場合は、「だ・です」の前に名詞をつけるか、「こと」や「もの」といった代名詞をつけ加えます。

【例文】 あなたの仕事ぶりはたいしたものだ。
【例文】 それはとんだことでした。
【例文】 ええ、とんだ災難です。
【例文】 とても大変です。

・「とても大変です」という文は、とても(副詞)+大変だ(形容動詞)+「です」という構造です。

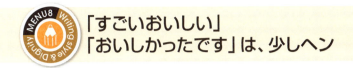

「すごいおいしい」「おいしかったです」は、少しヘン

「食事をしたい」「食事を用意してほしい」という言葉を、より丁寧な表現にするために、「食事をしたいです」「食事を用意してほしいです」と改めたとしましょう。

そして、「おいしい」「おいしかった」ではなく、「おいしいです」「おいしかったです」と相手に伝えたとしましょう。

口頭でのやりとりならば特に問題はないとしても、メールやSNSでの場合は、相手は「どことなく幼稚な文章だ」と感じるのではないでしょうか。

ではどうすればいいかというと、何にでも「です」をつければ丁寧な表現になるという考えを捨てて、別の言い回しを探すことです。

【例　文】　食事をしたいです。
【改善例】　食事をしたいと思います。

【例　文】　食事を用意してほしいです。
【改善例】　食事を用意してほしいのですが、お願いできますか。

第8章 文章のスタイルと格が決まるポイント！

【例文】 おいしいです。
【改善例】 おいしくいただいています。

【例文】 おいしかったです。
【改善例】 おいしくいただきました。

【例文】 すごいおいしい。
【改善例】 すごくおいしい。

【例文】 すごくおいしくいただきました。
【改善例】 とてもおいしくいただきました。

【例文】 うれしかったです。
【改善例】 うれしく思いました。

【 例 文 】　楽しかったです。
【改善例】　楽しい時を過ごしました。

【 例 文 】　面白いです。
【改善例】　面白い〇〇です。

【 例 文 】　つまらないです。
【改善例】　つまらない、と思います。
　　　　　（「つまりません」という言い方をする場合もあり、これが日本語として適切か否かについては、賛否両論あるようです。）

補足

- 国語審議会という組織が、昭和27年発表の「これからの敬語」で、次のように示しているそうです。「これまで久しく問題となっていた形容詞の結び方――大きいです、小さいですなどは、平明、簡素な言い方として認めてよい」
- 国語審議会はそのように示しても、「です」の前に形容詞を置くならば本来、「大きうございます」「小そうございます」、あるいは「おいしうございます」「うれしうございます」「楽しうございます」というようにするもの

です。しかし、そうした表現は現代の時代感覚にそぐわないため、たとえば「うれしいです」というように、簡素に表現することが主流になっています。日常会話ではそれで良いとしても、文章においては、粗雑な印象を与えてしまうことは免れません。

- 「うれしうございます」というのはやり過ぎの感がありますから、せめて、「うれしく思いました」というように、一言つけ加えることをおすすめします。
- 蛇足ながら、気のおけない相手とならば、「うれしいです」「喜んでいるです」「それってちょっと変かもです」というように、文法を無視した言い方をしてまったく構わないと思います。文法なんて、現実の後からついてくるものです。言葉は生き物ですから、どんどん変化していって当然です。
- そもそも、言語学の世界において、これぞ正当という統一見解はないそうです。「文法」という言葉一つとっても、外国人に日本語を教えるための「日本語文法」と、私たち日本人が学校で教わる「国語文法」（学校文法）があり、それぞれの文法に幾通りもの見解があるというのが実情のようです。

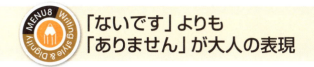

「ないです」よりも「ありません」が大人の表現

　テレビで、あるタレントがこんなことを言っていました。
「まさか私なんかが主役に選ばれるなんて思わなかったです」
「取材に来てくれたマスコミ報道陣が多かったです」
　それを言うなら、「まさか私が主役に選ばれるとは思いませんでした」、あるいは「思ってもみませんでした」でしょう。
　その後に続けて、「報道の方々が大勢、取材に駆けつけてくださいました。ありがたいことだと思っています」とでも言えば、「言葉遣いがきれいだ」「顔だけじゃなく頭もいいのね」と視聴者に良い印象を与え、イメージアップになったのにと、他人事ながら残念に思いました。
　例に挙げた「舌足らずな表現」と同様の文言を、日常的に頻繁に見聞きします。

【例文】　危ないですから塀にのぼらないでください。
【改善例】　危険ですから塀にのぼらないでください。

【例文】　まだ気づいていないです。
【改善例】　まだ気づいていません。

第8章 文章のスタイルと格が決まるポイント！

【 例　文 】　理由は特にないです。
【改善例1】　理由は特にないのです。
【改善例2】　理由は特にありません。

【 例　文 】　彼の判断は間違っていなかったです。
【改善例1】　彼の判断は間違っていなかったのです。
【改善例2】　彼がそう判断したのは間違いではありませんでした。

【 例　文 】　できればそうしたかったです。
【改善例1】　できればそうしたかったのです。
【改善例2】　できればそうしたいと思いました。

【 例　文 】　そのようにしたいです。
【改善例1】　そのようにしたいのです。
【改善例2】　そのようにしたいものです。
【改善例3】　そのようにしたいと思います。

176

【 例　文 】　ありがたかったです。
【改善例1】　ありがたかった**の**です。
【改善例2】　ありがたい**ことでした**。

【 例　文 】　わけがわからないです。
【改善例1】　わけがわからない**の**です。
【改善例2】　わけが**わかりません**。

【 例 文 】　いろんなです。
【改善例】　**いろいろ**です。

【 例 文 】　外が騒がしいです。
【改善例】　外が騒がしい**ようです**。

【 例 文 】　みなさん、静かにです。
【改善例】　みなさん、**お静かに願います**。

177

第8章 文章のスタイルと格が決まるポイント！

敬語を正しく使うと、文章の格が上がる

　堅苦しいのは嫌だ、肩の凝らない気楽な文にしたいという場合は、文法など無視して、自分の思いどおりに書いて良いと思います。

　ただ、その場合も、相手に対する配慮を忘れると、気楽な雰囲気を通り越し、ぶしつけでぶっきらぼうな印象になってしまいがちです。また、読む人を侮辱するような失礼な文になってしまうことがあります。

【例 文】　これ、私の大のお気に入り。あなただってきっと気に入ると思う。ひとつあげるから。いいよね？どう？

【改善例】　これ、私はとても気に入っています。あなたもきっとお気に召すと思い、ひとつ差し上げたいのですが、いかがでしょうか。

解説

・相手が誰であれ、敬語を適切に使えば、礼儀正しく、大人の品格を感じさせる文になります。
・文章の格が上がると同時に、それを書いた人の格も上がります。

178

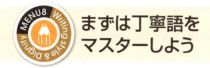

まずは丁寧語をマスターしよう

敬語は「丁寧語・尊敬語・謙譲語」の3種類に大別されます。
この3種類のうち、丁寧語は使い方が比較的簡単です。

【例文】　おはよう。今日はいい天気だな。
【丁寧語】　おはようございます。今日はいいお天気ですね。

【例文】　借りていた金を返す。
【丁寧語】　拝借していたお金をお返しします。

【例文】　これも何かの縁だな。
【丁寧語】　これも何かのご縁でございますね。

【例文】　ごアクセスいただきました〇〇社の人間です。
【丁寧語】　アクセスを頂戴しました〇〇社の者です。

第8章　文章のスタイルと格が決まるポイント！

> 【例 文】　お仕事のお依頼、ほんとにありがとうございます。
>
> 【丁寧語】　お仕事のご依頼を賜り、誠にありがとうございます。

> 【例 文】　ご弊社に最適のプランを提案させてもらいます。
>
> 【丁寧語】　御社に最適と思われるプランをご提案申し上げます。

　（オレンジ色で示した箇所が敬語です。「拝借」「頂戴」「者」「賜り」「申し上げます」は謙譲語。「御社」は尊敬語。それ以外は丁寧語。）

解説

・同じ内容でも、語頭に「お」や「ご」をつけ、文末を「です・ます」にして丁寧な表現にすることで、相手への配慮を示すことができます。

・丁寧語は耳によく馴染んだ表現なので、話すときも書くときも間違えることはほとんどないでしょう。（お依頼、ご弊社、ごアクセスなんていう、とんでもない間違いもあり得る時代ですが。）

180

【例文】 うちの会社の取引先である会社の社長に呼ばれて急に俺が行くことになったのですが、待ってると言ってたはずの社長が留守でいなかったのですよ。

【改善例】 弊社がいつもお世話になっております会社の社長様から面談のご要望を承り、さっそく私がお伺いしたのですが、残念ながら社長様はご不在でした。

補足

- 「～です」「～ます」といった丁寧語を使わずに、だ・である文体で書くのは読者に対して無礼かというと、そんなことはありません。無礼にあたるのは、敬語の使用法を誤ることです。それはお読みいただく方に大変に失礼なことで、書き手の見識を疑われてしまいます。

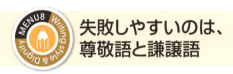

失敗しやすいのは、尊敬語と謙譲語

第8章 文章のスタイルと格が決まるポイント！

「お子様」「ご成長」というように、「お」や「ご」をつけて丁寧に表現することにより、相手への敬意を示すことができます。これを「尊敬語」といいます。

また、尊敬語には、「いらっしゃる」「ご覧になる」「召し上がる」など、独特の言い回しがあります。

「お召し上がりになられる」「お見えになられる」のように、二重敬語（丁寧語＋尊敬語）を使うと、卑屈な印象になってしまうので、二重使用は避けるべきだとされています。（正しくは、「召し上がる」「お見えになる」）

敬語は、相手に気分よく話をしてもらう（読んでもらう）ための高度な技術です。コミュニケーション環境を整えることを目的として、長い年月をかけて編み出された必殺テクであるともいえます。

必殺テクだけあって、その使用法は複雑です。

殊に複雑なのは、自分や身内に尊敬語を用いることは、相手に対して無礼にあたるので、尊敬語ではなく謙譲語を用いるべきだとされている点です。

謙譲語では、あえて自分を一段落とし、へりくだった表現をすることにより、相対的に相手を持ち上げ、敬意を表します。

適切な使用例、不適切な使用例を、よく見比べてみてください。

【 例 文 】　こんちは。久しぶりです。
【改善例】　こんにちは。お久しぶりでございます。

【 例 文 】　遠いのに来てもらってすみません。
【改善例】　遠方までお運びいただきまして恐縮に存じます。

【 例 文 】　会社へは、このあと行かれるのですか。
【改善例】　会社へは、このあといらっしゃるのですか。

【 例 文 】　忙しそうですね。
【改善例】　お忙しいご様子ですね。

【 例 文 】　遠慮なく、あがってください。
【改善例】　ご遠慮なさらずに、どうぞおあがりください。

183

第8章 文章のスタイルと格が決まるポイント！

【 例 文 】　どこでも好きなところに座ってもらって結構です。
【改善例】　どちらでもお好きなところにおかけになってください。

【 例 文 】　楽にしてくださいね。
【改善例】　お楽になさってくださいね。

【 例 文 】　お茶をどうぞ。
【改善例】　粗茶ですが。

【 例 文 】　お菓子も、いただいてください。
【改善例】　お菓子など、いかがですか。どうぞ召し上がってくださいませ。

【 例 文 】　今、母が来ます。
【改善例】　只今、母がまいります。

184

【 例 文 】 おあいにくさま、姉は出かけていらっしゃいます。
【改善例】 あいにくなことですが、姉は出かけております。

【 例 文 】 お義兄さんがおいでになることは姉も了解していますので、来たらちょっと待っていてもらえと言っていました。

【改善例】 お義兄様がおいでになることは姉も承知しておりまして、いらしたら少しだけお待ちいただきたいと申しておりました。

【 例 文 】 母も、何かご相談なさりたいようです。
【改善例】 母も、何かご相談申し上げたいようです。

【 例 文 】 どんな話か、私はご存知ありません。
【改善例1】 どのようなお話か、私は存じません。
【改善例2】 どのようなお話か、私は存じ上げません。
【改善例3】 どのようなお話か、私は存じておりません。

第8章 文章のスタイルと格が決まるポイント！

【例 文】 詳しいことは、母と姉に伺ってください。
【改善例】 詳しいことは、母と姉に**お尋ね**ください**ませ**。

【例 文】 理解しにくいかもしれませんが。
【改善例】 **ご**理解**いただき**にくいかもしれませんが。

【例 文】 ぶっちゃけ、こうなったらもう二人は別れるしか
ない、というのが私の**ご**認識でございます。

【改善例】 正直に**申し上げて**、事がここまでこじれて**しまい
ます**と、本当に残念なことですが、**お二人**の離婚
もやむなし、というのが私の認識でございます。

【例 文】 私もここで一緒に待ちます。
【改善例】 私も**こちら**で**ご**一緒に**お待ちいたします**。

186

【例文】　テレビでも見られますか。
【改善例】　テレビでもご覧になりますか。

【例文】　お義兄様、もう帰るのですか。
【改善例】　お義兄様、もうお帰りですか。

【例文】　タクシーを呼んでほしいですか。
【改善例】　タクシーをお呼びいたしましょうか。

【例文】　わざわざ来ていただいたのに、すいませんでした。
【改善例】　せっかくお越しいただきましたのに、すみません。

第8章 文章のスタイルと格が決まるポイント！

偉そうに聞こえてしまう「へりくだり表現」に注意!

　敬語を使ったつもりが、実はとんでもなく不遜な言い方をしていることがあります。それでも、たいてい、相手の方はいちいち目くじらを立てたりせず、軽く受け流してくれるでしょう。

　しかし、当人に一向に気づく気配がなく、何度となく繰返されると、「何を偉そうに！」とブチ切れてしまうかもしれません。

> 【例　文】　ご面倒をおかけしますが、当社までご足労ください。
> 【改善例】　ご足労をおかけし誠に恐縮ですが、ご来社を願えますでしょうか。

解説

・敬語の使い方を間違えると、相手の気分を害します。
・あなたも、言われてカチンとくる言葉があったら、「どう言われればカチンとこないのか」と考えることを習慣づけると良いですね。

> 【 例 文 】　ご苦労様です。
> 【改善例】　お疲れ様でございます。

解説

・上司が部下に「ご苦労様です」と言うのは不遜にあたりません。けれども、平社員が上司や社長に向かって「ご苦労様です」などと言った日には目も当てられません。「おまえ、何様のつもりだ」と大目玉を喰うでしょう。

・「ご苦労様です」と声を掛けて良いのは、同僚、部下、後輩、友人などです。

> 【 例 文 】　課長の頑張り（努力）のおかげです。
> 【改善例】　課長のご尽力のおかげです。

解説

・仕事が順調に進展しているのは上司のおかげ、部下として一言お礼を言いたい（もしくは、おべっかを使いたい）というときこそ、言葉遣いに注意が必要です。

・敬語の使い方を誤ると、上司は見下されているように感じて、とたんに不機嫌になる恐れがあります。

・「ご尽力」という言葉など、聞いたことがないという人は多いかもしれません。この機会に覚えていただくと良いですね。

第8章 文章のスタイルと格が決まるポイント！

> 【例 文】 参考になりました。
>
> 　　　　　（または、「参考にさせてもらいます」）
>
> 【改善例】 大変勉強になりました。

解説

・「参考」とは、手がかりやヒントのことを指します。「参考」と「勉強」、ちょっとした違いのようですが、相手に与える印象はまるで違います。

・「参考になった」というのは上から目線でものを言っているような印象を与えてしまいます。「勉強になりました」と言えば、謙虚な姿勢を感じさせます。

・「教えてよかった」「これからも面倒をみてやろう」という気にさせるには、「大変勉強になりました」の一言が効きます。

> 【例 文】 感心しました。
>
> 【改善例】 感銘を受けました。

解説

・「感心」ではなく「感銘」。これなら上から目線にならずに済みます。

190

【 例 文 】　今後ともご指導していただきたく、よろしくお願
い申し上げます。
【改善例】　今後とも**ご指導いただきたく**、よろしくお願い申
し上げます。

解説

・「指導して」の**「して」を省く**ことにより、命令口調になること
を避けられます。

【 例 文 】　今の説明で、おわかりになりましたか。
【改善例】　今の説明で、おわかり**いただけ**ましたでしょうか。
（または、「**ご理解いただけ**ましたでしょうか」）

【 例 文 】　ご不明の点がおありでしたら、ご遠慮なくおっし
ゃってください。いつでもお教えいたします。
【改善例】　ご不明の点がおありでしたら、ご遠慮なくおっし
ゃってください。いつでも**ご説明**いたします。

> 【例文】 筆記用具をご持参ください。
> 【改善例】 筆記用具をお持ちください。

解説

・自分が持って行く場合は、「持って参る」という謙譲語がふさわしく、その変形パターンとして、「持参します」「持参いたします」と言ってOKです。

> 【例文】 ご記入してもらってよろしいですか。
> 【改善例】 ご記入を願えますか。
> 　　　　　（または、「記入してくださいますか」）

解説

・例文は、誰にとってよろしいという意味で聞いているのか定かでありません。
・例文のように、許可を求めるのではなく、依頼をする場合は、「お願いする」のにふさわしい表現をするべきでしょう。

【例　文】　製品には万全を期しておりますが、不都合な点が
　　　　　　ありましたらお申し出ください。

【改善例】　製品には万全を期しておりますが、不都合な点が
　　　　　　ありましたらお知らせください。（または、「お申
　　　　　　し付けください」）

解説

・「お申し出ください」は全体で尊敬語として使われており、明ら
　かな間違いとまではいえません。ただ、「申し出る」そのものに
　は謙譲語の性格が残っているため、客に対しては「お申し付けく
　ださい」「お知らせください」などの言い方をするほうが望まし
　いでしょう。（『明鏡国語辞典』の編集委員による著書『続弾！問
　題な日本語』より引用）

【例　文】　了解です。（または、「了解しました」）

【改善例】　承知しました。
　　　　　　（または、「承りました」「かしこまりました」）

解説

・「了解した」というのは、「あなたの都合を理解した」というこ
　とで、上から目線の物言いに感じられます。「あなたの都合に合
　わせてさしあげますよ」と、恩着せがましいニュアンスが言外に

にじみ出てしまう場合もあります。

【例 文】　ご注文は何にいたしますか。
【改善例】　ご注文は何になさいますか。

【例 文】　と申しますと？
【改善例】　と、おっしゃいますと？

【例 文】　○○さんが申されたように
【改善例】　○○さんがおっしゃったように

【例 文】　○○さんはおられますか。
【改善例】　○○さんはいらっしゃいますか。

解説

・「いる」の尊敬語は「いられる」「いらっしゃる」、謙譲語は「おる」「おります」。「社長様はいらっしゃいますか」「お世話になっております」というように、仕事の場で頻繁に登場する言葉です。

194

以下は『問題な日本語』からの引用です。

・「おる」「おります」は、自分の側がへりくだって使う言葉であって、相手に対して使うものではありません。

・「おります」は相手に対する尊敬語ではないが、「おられる」「おられます」とするなら、敬語として適切。ただし、「おる」は謙譲語なので、「おられる」を尊敬に使うのは誤りだとする意見は根強い。

・「いられる」という尊敬語はあまり一般的でなく、尊敬表現には、むしろ「おられる」が普通に使われることになります。

・なお、「いらっしゃる」は「いられる」や「おられる」よりも一段高い敬意を表しています。

【例文】　○○さんはいつ戻ってまいられますか。

【改善例】　○○さんはいつ戻っていらっしゃいますか。

（または、「○○さんはいついつお戻りのご予定でしょうか」）

解説

・「まいる」は「行く」の謙譲語で、「行きます」を「まいります」というように使います。

・「戻ってまいります」とは、「戻ってきます」の謙譲表現で、これはあくまでも自分の側がへりくだって用いるものです。

・自分自身のことだけでなく、「娘はまもなく戻ってまいります」「課長は３時に戻ってまいります」というように、自分の身内のこと

第8章 文章のスタイルと格が決まるポイント！

を外部の人に伝える際にも用いられます。

・敬語を使うべき相手を指して、「社長さんはいつ戻ってまいられますか」などと言うと、相手を持ち上げるどころか、かえって貶めることになります。「社長が戻るまで待っててやるから、だいたい何時頃になるか、教えろ」と言っているようなものです。

【 例 文 】　ご伝言をお願いできますか。
【改善例】　おことづてをお願いできますか。

解説

・相手から伝言を預かり、「ご伝言を承りました」と言うのは好ましい対応です。しかし、自分が託す伝言を「ご伝言」と言うのは、敬語の使い方として不適切です。

・「相談」を「ご相談」、「電話」を「お電話」とするように、「伝言」にも「ご」をつけて丁寧に伝えたいという気持ちはわかります。ならば、「おことづて」としてはどうでしょう。「おことづてをお願いできますか」とすれば、相手に対して失礼のない丁重な表現になります。

【 例 文 】　お陰様をもちまして
【改善例】　お陰様をもって

196

解説

・「お陰で」「お陰様で」「お陰様をもって」というように、語が長くなるほど丁寧さが増します。もう一押しということで、「お陰様をもちまして」とする人もいますが、これは明らかに敬語の誤用であるとされています。

・「お陰様をもって」の「もって」は、漢字で書くと「以て」となります。「持って」ならば、「持ちまして」と丁寧に表現することが可能ですが、「以て」は助詞の「で」に相当する語であるため、「以ちまして」と言い換えることはできないのです。

【 例 文 】 申し訳ございません。

【改善例】 申し訳ない。

（または、「申し訳ないことです」「申し訳ないことでございます」）

解説

・深くお詫びをするべき場面で「すみません」「ごめんなさい」と言ったのでは軽々しく感じられます。そこで、「申し訳ありません」「申し訳ございません」となるのですが、厳密にいうと、この用法は間違いです。

・本来、「申し訳ない」というのは一塊の語であって、これを崩すことはできないとされています。

> 【例文】 とんでもございません。
> 【改善例】 とんでもない。

解説

- 「とんでもありません」「とんでもございません」という言い方は広く使われており、『明鏡国語辞典』では「文法的に誤った表現ではない」としています。
- そのいっぽうで、「『とんでもない』という表現こそが正しい。丁寧に言いたいときは、『とんでもないことです』『とんでもないことでございます』とするべき」と提唱する人もいます。

（筆者の知る限り、文法的な正否を確かめる拠り所はないようです。）

> 【例文】 めっそうもございません。
> 【改善例】 めっそうもない。
> 　　　　　（または、「めっそうもないことです」「めっそうもないことでございます」）

第9章

会話と文章の違いを意識する

はやりの表現に注意しよう

人との会話、あるいはテレビなどで、
言葉遣いに違和感を覚えたら、
しっかりと記憶に留めておきましょう。
聞き流してしまうことが続くと、
感覚は鈍るいっぽうです。
この章では、よくある「変な言い回し」を列挙しています。
違和感を記憶に刻んで、言語感覚を養ってください。
話す力と書く力がともに向上します。

今どきの「ら抜き言葉」は書き言葉では使わない

日常会話において、いわゆる「ら抜き言葉」は一般化しています。
しかし、文章における「ら抜き言葉」は文法的に誤りであるとされています。

例：見れる・出れる・来れる・食べれる・寝れる・起きれる・受けれる

改善例：見られる・出られる・来られる・食べられる・寝られる・起きられる・受けられる

では、「乗れる」「座れる」「触れる」「踊れる」というのも、文法的に正しくないのでしょうか。
答えは、「正しい」。

> 解説

- 「乗る」「座る」「触る」「踊る」「釣る」「蹴る」「掘る」「彫る」「練る」など、「る」で終わる動詞を否定形の「〜ない」の形にしたとき、「ない」の直前の字が「ら」になるならば（例「乗らない」）、「〜できる」という意味の可能動詞に変換する際に「ら抜き」にして間違いでないとされています。（例「乗れる」）
（「〜できない」という場合も同様で、「乗れない」とします。）

【例文】

・明日10時発の電車に乗れる。

・下り方向だから座れるだろう。

・生魚は気味が悪くて触れない。

・私はジルバを踊れます。

・釣れた魚を活きのいいうちに食べる。

・足を傷めてしまったので、ボールを蹴れない。

・もっと深く井戸を掘れたなら、水が湧いたはずだ。

・この指輪に名前を彫れますか。

・そのプラン、時間をかけて練れるといいですね。

　助動詞「〜れる」「〜られる」は「受身・尊敬・可能・自発」の意味を持ちます。

●受身

　例：カンニングしているところを先生に見られてしまった。こりゃ叱られるぞ。

●尊敬

　例：社長は一人でお食事に出られました。約束をすっぽかされた奥様は怒り狂われ、そのまま外国へ旅立たれました。

●可能

　例：よく寝られた。朝早く起きられた。ご飯をおいしく食べられた。いつものバスに乗れた。この調子なら無事に試験を受け

られるだろう。もう少し早く来られなかったのかと試験官に文句を言われた。試験に受かり、自動車免許を取得した。給料を上げろと会社に言ってやれる。

● **自発**

例：昔がしのばれる。お里が知れる。別れた夫の身が案じられる。

解説

・「ら抜き言葉」の是非については、意見が分かれています。
賛成派の意見に耳を傾けることも必要だと思います。

● 賛成だとする理由1

・たとえば「水着の美女を見れる」といったとき、それは「人に水着姿を見られる」という場合のような「受身」の意味ではない。

・また、「社長が書類を見られる・ご覧になる」という場合のような「尊敬」の意味ではない。

・さらには、「その点に問題が見られる」というような場合の「自発」の意味でもない。

・このように、「見れる」という表現は、「見ることができる」という「可能」の意味を示し、それ以外の意味ではないと区別をしやすいので合理的だ。

● 賛成だとする理由2

・地方によっては、「ら抜き言葉」が正しい表現であり、「ら入り言葉」こそ「乱れた言葉」だという場合がある。

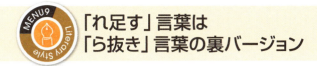

「れ足す」言葉は「ら抜き」言葉の裏バージョン

　本来加えるべき「ら」を抜くいっぽう、必要もないのに「れ」を足してしまうことがあります。いわゆる「れ足す言葉」で、これは明らかに文法的に不適切な言葉です。

「来られる」　➡「来れれる」
「食べられる」➡「食べれれる」
「出られる」　➡「出れれる」
「見られる」　➡「見れれる」
「寝られない」➡「寝れれない」
「出せる」　　➡「出せれる」
「読める」　　➡「読めれる」
「飲める」　　➡「飲めれる」
「防げる」　　➡「防げれる」

　どうして「れ」を足したくなるのでしょうか？
　「れ」を足すことで、「できる」という意味を強調することができると感じるのかもしれません。しかし、それは日本語としておかしな表現です。

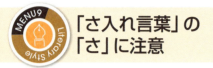

「さ入れ言葉」の「さ」に注意

いわゆる「さ入れ言葉」というものもあり、これも文法的に正しくない言葉だとされています。

どんな場合によく「さ入れ言葉」が使われるかというと、「へりくだった表現をする」「依頼を表現する」「使役の表現をする」場合です。

● へりくだった表現をするとき

【例 文】　私にやらさせてください。
【改善例】　私にやらせてください。

【例 文】　毎週土日は休まさせていただきます。
【改善例】　毎週土日は休ませていただきます。

【例 文】　一曲、歌わさせていただきます。
【改善例】　一曲、歌わせていただきます。

●依頼を表現するとき

【 例 文 】　車に乗させてください。
【改善例】　車に乗せてください。

【 例 文 】　見させてください。
【改善例】　見せてください。

●使役の表現をするとき

【 例 文 】　秘書に返事を書かさせる。
【改善例】　秘書に返事を書かせる。

【 例 文 】　娘に持って行かさせます。
【改善例】　娘に持って行かせます。

第9章 会話と文章の違いを意識する

> 【例　文】　夏は子供のお風呂あがりに浴衣を着させます。
> 【改善例】　夏は子供のお風呂あがりに浴衣を着せます。

　謙譲、依頼、使役、いずれの場合も、なぜ「さ入れ言葉」になってしまうことがあるのでしょう。そうしたほうがより丁寧な響きになる、と感じるから？　しかし、その丁寧すぎる言葉を耳にして（または目にして）、不快に感じる人もいます。「させ」の「さ」が必要ない場合は、積極的に取ったほうが良いでしょう。

> 【例　文】　ちょっと言わさせてもらいます。
> 【改善例】　ちょっと言わせてもらいます。

> 【例　文】　車内では若い人を立たさせる。
> 【改善例】　車内では若い人を立たせる。

> 【例　文】　切なさそうですね。
> 【改善例】　切なそうですね。

> 【例文】　彼は本を読まなさすぎる。
> 【改善例】　彼は本を**読まなすぎる**。

解説

・この場合は「さ」を取ったほうがいいのか？　取らなくてもいい
のか？　などといちいち考えなくても、体が自然に反応するよう
でありたいものです。そのためには、「さ入れ言葉」を見たり聞
いたりして、許容してしまわないことが必要です。「それは間違
った言い回しなのだ」という意識を持ち続ければ、「さ入れ言葉」
に触れたとき、頭で考えるまでもなく、瞬時に違和感を覚えるは
ずです。

では、ここでちょっとクイズを。

> ─【例文】─
> 　ここから車で帰りますが、新幹線で帰りたい人がいるなら、
> 駅で降りさせます。

Q「降りさせます」という表現は日本語として適切？　適切では
ない？

　答えは、「適切」。

207

解説

- 「降りさせます」の基本形は「降りさせる」で、これはラ行上一段活用の動詞「降りる」の未然形である「降り」に、使役の助動詞「させる」が付いた形で、日本語として適切な変化形です。

補足

- 「降りさせる」「降りさせます」というのは日本語として間違った表現ではないとされていますが、筆者は、できれば使いたくないと思っています。使役の助動詞「させる」を使わずに表現する方法が多数あり、そちらのほうがより自然で美しいと思うのです。
「新幹線で帰りたい人がいるなら、駅で降ろします」
「新幹線で帰りたい人がいるなら、駅で降ろすことができます」
「新幹線で帰りたい人がいるなら、駅で降りられるようにします」
「新幹線で帰りたい人がいるなら、駅で降りていただくようにします」

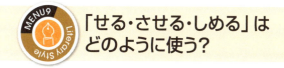
「せる・させる・しめる」はどのように使う？

　急ぐように促すことを、「急かす」「急がす」「急がせる」と言って間違いではありません。
「とどろかす」「とどろかせる」、いずれも意味は同じで、どちらも正しい使い方です。
　しかし厳密にいうと、人や物に何か動作をさせるときの「使役表現」に当てはまるのは、上の２例でいうと、「急がせる」「とどろかせる」です。
　使役表現の基本は「〜せる」「〜させる」「〜しめる」です。
「行かせる」「満足させる」「知らしめる」というように使います。
　けれども日常会話では、「せ」が「し」になったり、「さ」になったりすることが多いようです。

「行かせて」と「行かして」
「見せて」と「見して」
「笑わせないで」と「笑わさないで」

　上記は、どちらの言い方が正しいのでしょうか。
　口語ならどちらでも意味は通じますが、書き言葉の場合は、文法的に正しいとされる「行かせて」「見せて」「笑わせないで」を使ったほうが良いでしょう。

209

第9章 会話と文章の違いを意識する

【例文】 この本、彼には絶対に読まさない。
【改善例】 この本、彼には絶対に**読ませない**。

【例文】 泣きたいだけ泣かしてやろう。
【改善例】 泣きたいだけ**泣かせて**やろう。

【例文】 驚かしてごめんね。
【改善例】 **驚かせて**ごめんね。

解説

・「さ」「し」「せ」、どれが正しいのかと頭で考えなくても、最も適切なものがすっと出てくるようにしたいものです。

・「する」と「させる」の使い分けにも敏感になりましょう。「〜する」「〜した」と言えば済むのに、わざわざ「〜させる」「〜させられた」とするのは、読者によけいな負担を強いることになります。

210

【例 文】　台風によって被害をもたらされた。
【改善例】　台風が被害をもたらした。

【例 文】　裏通りを歩くと、よく母に手を引かれて歩いた子供の頃を思い出させる。
【改善例】　裏通りを歩くと、よく母に手を引かれて歩いた子供の頃を思い出す。

【例 文】　帝国の軍勢が破竹の勢いで領土を拡大させているのは確かである。
【改善例】　帝国の軍勢が破竹の勢いで領土を拡大しているのは確かである。

文章により、
自分の存在を認められることの喜び

「SNSやネット検索に時間をとられ、読書量が減った」

という声をよく耳にします。私自身も、本や雑誌、新聞を読むより先に、毎日せっせとネット情報を追いかけています。

しかも、ただ読むだけではありません。日に何度か、ちゃちゃっと短い文を書いては、SNSに投稿しています。

それを読んでくれる人がいて、即座に反応してくれると、本当にうれしいものです。「あの人がコメントを返してくれた。私の言いたいことをわかってくれた」と興奮してしまい、なかなか寝つけない夜もあります。

SNSを通じて知り合い、リアル世界で会ったことはなくても、すっかり打ち解けたつきあいをしている相手もいます。

人間関係は何かとむずかしいものですが、共通の趣味や価値観を持つもの同士なら、話は尽きません。話せば話すほど、相手に対する興味がつのっていきます。

あなたにも、そんな素敵なお相手がいるかもしれませんね。コメントのやりとりが楽しくて、仕事に追われているときでさえ、やめようとしてもやめられない、なんていうこともよくあるのでは？

互いに存在を認め合う人がいるというのは、何ものにも代えがたい喜びです。だから人は、ネットを読んだり書いたりがやみつきになり、スマホやタブレットを手放せなくなるのでしょう。それは決して悪いことではないと思います。

第10章

「うまい」と言われる文章・7つの条件

文章表現力を高めるキーポイントをおさえよう

明快でわかりやすい文章を書けるようになると、
周囲の人があなたの意見に真剣に耳を傾け、
良い反応を示してくれるようになります。
文章力をつけることにより、
仕事も人間関係もうまくいきだす可能性は高いのです。
言葉を厳選し、あるべきところにあるべき語を
ぴたっとはめこみましょう。
目指すは、「うまい!」と褒められる文章です。

第10章 「うまい」と言われる文章・7つの条件

「うまい」と言われる文章の条件①
言葉の出し惜しみをしない

　私たちは通常、言葉を使って考えを組み立てながら文を書いています。文が形を成していくにつれ、次第に考えもまとまり、「自分が言いたかったことはこれだ！」と要点が見えてきます。

　そうしたプロセスは「試行錯誤」そのものです。書いている本人は何度も同じところをぐるぐる回っていますので、「言いたいことはこれとこれ」と、じゅうぶんに理解しています。

　ところが、読み手にとっては初めて見聞きすることなので、ただ一言足りないだけでも、話がよく見えないことがあります。

　読者が納得するに足る、きちんとした説明ができるようになりましょう。そのためのレッスンとして、「伝わりにくい文章」はなぜ伝わりにくいのか、原因を厳しい目で探っていくことが効果的です。

【例文】
　気がかりなのは彼女の交際範囲、特に暴力団の影だった。そして、少女時代に補導歴はあるものの、それ以外にこれといって疑わしいところはなくなった。

Q1 「彼女」は暴力団とつながりがありそうだったのでしょうか？
　①ありそう　　②なさそう　　③どちらともいえない
　（正解はおそらく、①）

Q2 なぜ、「彼女」に暴力団とのつながりはないと判明したので
しょう？

　　①いろいろ調べた結果　　②ただなんとなく

　　（正解はおそらく、①）

ここが残念!

・「彼女」と暴力団とのつながりについて、疑わしい点があるのか
　ないのか、判断しかねる文です。

・疑うに足る事実があり、だからこそこんなアクションを起こした
　のだという説明をしないまま、単に「そして」で済ませてしまう
　と、何故そうなったのか、読者は理解できません。

【改善例】

　気がかりなのは彼女の交際範囲で、中でも特に気になるの
は暴力団とつながりがないかという点だった。地元の組関係
者を回って彼女の写真を見せたり、顔なじみの警察官に聞き
込みをしたりして、いろいろ調べた結果、彼女は少女時代に
補導歴こそあるものの、それ以外にこれといって疑わしい点
はないということが明らかになった。

解説

・「彼女」への疑いが晴れた理由として、「いろいろ調べた結果」
　と一言つけ加えることが必要です。言葉の出し惜しみをしてはい
　けません。

・「気がかりなのは彼女の交際範囲で、中でも特に気になるのは暴

215

力団とつながりがないかという点だった」という箇所は、「気がかり」「気になる」と同じ意味の語が重複しているため、くどい印象になりますが、はしょらずに語ったほうが読者に伝わりやすい、と私は考えます。

補足
・例文の「彼女の交際範囲、特に暴力団の影」という箇所は、質的に異なる内容を同列に並べているため、違和感を覚えます。「光と影が交錯し」とするべきところを、「熱と影が交錯し」と言っているようなものです。

【例 文】 彼女の交際範囲、特に暴力団の影。
【改善例】 彼女の交際範囲、そこに暴力団の影が差していないか。

2つ以上の物事を並べて語るときは、語られている対象が質的に同じ次元に属するものであることが必要です。

【 例　文 】 横浜市と神戸は雰囲気が似ている。
【改善例1】 横浜市と神戸市は雰囲気が似ている。
【改善例2】 横浜と神戸は雰囲気が似ている。

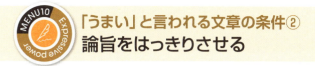

「うまい」と言われる文章の条件②
論旨をはっきりさせる

　書き手にとって自明のことでも、あえて言葉にすることが求められる場合があります。
　読者が必要としている情報をもれなく伝え、内容をよく理解してもらってこそ、その文章は価値があるといえます。

【例　文】　実感のないことを書いてはいけない。それは、あやふやな薬を患者に売りつけるのと同じことだ。
【改善例】　実感の伴わないことを書いてはいけない。それは、たしかな効用が認められないあやふやな薬を医者が患者に売りつけるのと同じことだ。

【例　文】　内装はクラシックなカウンターとテーブルと椅子で統一され、骨董好きのオーナーが1920年代アールデコ風につくった店だった。
【改善例】　骨董好きのオーナーがつくった店だけに、内装は1920年代アールデコ風のイメージで統一され、クラシックなデザインのカウンターとテーブル、そして椅子が配されていた。

第10章 「うまい」と言われる文章・7つの条件

「うまい」と言われる文章の条件③
矛盾することを書かない

　1つの文の中で、相反することや矛盾することを平気で書く人がいます。おそらく、本人はまったく気づいていないのだろうと思います。

【例　文】　仕事の鬼と化せば、怖いものはなくなるはずかも。
【改善例1】　仕事の鬼と化せば、怖いものなどなくなるはず。
【改善例2】　仕事の鬼と化せば、怖いものなどなくなるかも。

【例　文】　今日の彼の成功の陰には、並大抵の努力があった。
【改善例】　今日の彼の成功の陰には、並大抵ではない努力があった。

> 【例 文】 あの打球は、あわやホームランかという大当たり
> だった。
> 【改善例】 あの打球は、すわホームランかというほどの大当
> たりだった。

解説

・「あわや」とは、起きてほしくないことが起きてしまう寸前のこ
とを指す言葉です。

・「惜しくもホームランを逃したけれど、外野フェンスを越えそう
な勢いだった」と言いたいなら、「すわホームランか」という言
葉がぴったりです。

> 【例 文】 いずれの業界においても、経済はすべからく上昇
> 傾向にあった。
> 【改善例】 いずれの業界においても、経済はおしなべて上昇
> 傾向にあった。

解説

・「すべからく」とは、「当然なすべきこととして」という意味。

・「すべからく」を「すべて」という意味と取り違えてしまうこと
があるので要注意。

・「おしなべて」は、「だいたいの傾向として」という意味。

第10章 「うまい」と言われる文章の条件④ あいまいな書き方をしない

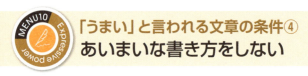

　自分が書いた文章に責任を負わなければなりません。それには、よく調べもせず、いい加減なことを書いてはいけないのです。
　しかし、そうした思いが強すぎると、つい腰が退けて、あいまいな論調になりがちです。つまり、結論をぼやかしてしまうわけですね。

【例文】
　人の話を聞くとき、あるいは本を読んでいるときは、受け身の状態でいられるので気楽だという部分がある。

　上記の例文を読むと、「部分がある」って、どんな部分？　と突っ込みたくなります。

【改善例】
　人の話を聞いたり本を読んだりしているときは、受け身の状態である。自分の頭で考え、言葉を操る必要がないのだから、気楽なものだ。

　受身の状態っていうのはこういうことですよ、と具体的に示すと、わかりやすい文章になります。

【例文】

　受身であっても、何らかの反応を示さないと、コミュニケーションは成り立ちにくいのではないだろうか。それではまずい、と言えないこともない。

「〜と言えないこともない」と二重否定をすると、もって回った文になります。また、「〜ではないだろうか」と読者に結論をゆだねる、もしくは責任転嫁するような結び方は、できるだけ避けたいと私は考えます。

【改善例】

　受身であっても、何らかの反応を示さないと、当然のことながら、コミュニケーションが成り立たない。それはまずい。

「それはまずい」と、ずばり言い切ってしまって問題ないでしょう。一方通行のコミュニケーションでは早晩、関係が途絶えてしまうというのは、誰もが知っていることです。

「コミュニケーションが成り立たない」「それはまずい」で終えてしまわずに、どうすればコミュニケーションを成立させられるかについて、自分の考えを述べると、より望ましい文になります。

【加筆例】

　話を聞かせてくれる相手の顔を見ながら適度に相槌を打つことで、「あなたの話を興味深く聞いていますよ」と示すことができる。そして自分も意見や感想を述べ、相手に聞いてもらう。コミュニケーションとは、こういうことだ。

　相手が人ではなく書物の場合は、たとえばAmazonのサイトにカスタマーレビューを投稿するという方法がある。それは多くの人の目にふれ、作者にも届く。読者は本を通じて作者のメッセージを受け取り、作者は読者レビューを通じて返信メッセージを受け取るのだ。間接的ではあるが、両者の間にコミュニケーションが成立している。

考えながら書き、書きながら考えることで、上記のように自分の意見をまとめることができます。

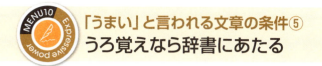

「うまい」と言われる文章の条件⑤
うろ覚えなら辞書にあたる

「リミット」を「メリット」と勘違いしたり、「ファシリテート」を「アフィリエイト」のことだと思い込んでいたり、と外来語の扱いはなかなかむずかしいものがあります。

母語である日本語においても、その手の間違いをおかすことはよくあります。うろ覚えは間違いのもとですから、できるだけ辞書を引いて確認するようにしましょう。

ここでは、筆者がよくやってしまう誤用を例に挙げてみました。どうぞ笑ってやってください。

【誤用】　仕事がやっと端緒についた。
【改善】　仕事がやっと緒についた。

解説

- 「端緒」とは、物事の始まり、いとぐち、手がかりのことで、「問題解決の端緒となる」「端緒が開ける」というように使います。
- 物事に着手すること、着手した物事の見通しがついて軌道に乗りだすことを「緒に就く」(ちょにつく)といいます。

223

> 【誤用】　必死の覚悟で臨みます。
> 【改善】　決死の覚悟で臨みます。

解説

・「決死の覚悟」とは、文字通りに解釈すれば「死ぬ覚悟で」という意味になりますが、それは言葉のあやというもので、「必ず勝つ。絶対にうまくやってみせる」というほどの意味であろうと思います。

> 【誤用】　話の途中で横車を入れるのはよろしいことではない。
> 【改善】　話の途中で横車を押すのはよろしいことではない。

解説

・道理（物事の正しい筋道）に合わないことを無理に押し通そうとすることを「横車を押す」といいます。

> 【誤用】　その企画には、あまり触手を動かされないなあ。
> 【改善】　その企画には、あまり食指が動かないなあ。

解説

・食指とは人差し指のことで、「人差し指が動くのは御馳走にあり
つける前兆」という中国の故事に基づき、「食指が動く」「食指を
動かす」「食指を伸ばす」といえば、食欲をそそられることを指
します。それが転じて、さまざまな欲望や意欲を持って行動して
いくという意味になりました。

・「食指が動かない」といえば、「おいしくなさそうなので食べる
気にならない」「魅力が感じられないので、やる気にならない」
ということになります。

・それと同じ意味を持つ言葉に「触手が動く」「触手を伸ばす」が
あり、広辞苑によると、「野心を持ち、何かに働きかけようとす
る気持が起こる」「野心をいだいて徐々に行動に移す」という意
味です。しかし、「朝日新聞の用語の手引き」では、「触手を動か
す」は誤用で、「食指を動かす」または「触手を伸ばす」とせよ、
としています。

【誤用】　汚名挽回
【改善】　汚名返上

解説

・ＮＨＫ『ことばおじさんのナットク日本語塾』では、「汚名は返
上すべきものであって挽回するものではないから、汚名挽回とい
う表現は間違いだ」としています。

・『明鏡国語辞典』の編集委員による著書『問題な日本語』では、

225

「『挽回』には『取り戻す』という基本の意味のほかに、『巻きかえしをはかる』『盛り返す』という意味があり、『汚名を挽回する』はこの用法であるから、間違った言い方ではない」とされています。さらには、「『汚名挽回』を『汚名返上』に訂正する必要などない」とまで明言されています。

・しかし筆者は、「汚名挽回」ではなく「汚名返上」のほうを支持したいと思っています。

【誤用】　紅葉がめっきり色づいてきましたね。
【改善】　紅葉がすっかり色づいてきましたね。

解説

・「めっきり」というのは、「めっきり寒くなった」とか「めっきり老けこんだ」とか、あまりうれしくないことを表すときの言葉であろうと思います。

【誤用】　私さえ濡れ衣を着れば、万事丸くおさまるのですか。
【改善】　私に濡れ衣を着せれば、万事丸くおさまるとでも思っているのですか。

解説

・「濡れ衣」とは、無実の罪、根も葉もない噂のことで、「濡れ衣

を着せる」「濡れ衣を着せられる」というように使いますが「濡れ衣を着る」という言い方はしません。

【誤用】　切にご容赦を願います。
【改善】　平にご容赦を願います。

解説

・「切に」というのは、「良いお返事をいただきたく、切にお願いいたします」「ご健闘を切に祈っております」というように、前向きで希望の感じられる事柄を述べるときに使ってこそふさわしいと思います。
・なにとぞ、どうか許してほしいというようなときは、「平にご容赦を願います」と言うのがふさわしいでしょう。

【誤用】　お仕事、お盛んですね。
【改善】　お仕事、ご盛んですね。

解説

・男性が女性との遊びにうつつを抜かしているさまを冷やかすときは、「お盛ん」といいます。
・商売や事業の繁盛ぶりを褒めるときは、「ご盛ん」というのだそうです。

227

第10章 「うまい」と言われる文章・7つの条件

> 【誤用】 願わくば、お金持と結婚したい。
> 【改善】 願わくは、お金持と結婚したい。

解説

・「望みは」「希望するところは」という意味で「願わくば」とするのは誤用なので要注意です。「願わくは」とするのが正しいそうです。

> 【誤用】 彼なら、万事抜け目なくやってくれます。
> 【改善】 彼なら、万事ぬかりなくやってくれます。

解説

・何をやらせてもそつがなく、手際よく事を処理する能力に長けていることを「ぬかりない」といいます。

> 【誤用】 恨み骨髄に達す・恨み骨髄に発す
> 【改善】 恨み骨髄に徹する・恨み骨髄に入る

解説

・骨の芯までしみとおるほど深い恨みを抱くことを、「恨み骨髄に

228

徹する」または「恨み骨髄に入る（いる）」というのだそうです。

> 【誤用】 彼は人間ができている。度量が大きい。
> 【改善】 彼は人間ができている。度量が広い。

解説

・度量とは、物差しと升のこと。転じて、長さと容積を意味する言葉として用いられています。また、広くおおらかな心を持ち、他人の言行をよく受け容れる人のことを、「度量が広い」と言います。
・同じ意味の言葉として、「懐が深い」「懐が大きい」がありますが、「度量が深い」「度量が大きい」とは言いません。

「うまい」と言われる文章の条件⑥
「くどい表現」はスッキリさせる

　同じ意味の語を重ねて使うと、それだけで読む人の心が離れていくことがあります。「言葉をよく知らない人が書いたのだな。読む価値があるのか？」と敬遠されてしまうのです。

　改善例を示しますので、この機会に頭に入れていただければと思います。

一番最初／一番最後　➡最初／最後

最もベストな方法　➡最も良い方法／ベストな方法

辞意の意向を伝える　➡辞意を伝える

伝言を伝える　➡伝言する

〜にしか過ぎない　➡〜に過ぎない

約60冊ほど　➡約60冊／60冊ほど

大別すると3種類に分けられる　➡3種類に大別される

あらかじめ予告する　➡予告する

自ら墓穴を掘る　➡墓穴を掘る

途中で中断する　➡中断する

あとで後悔する　➡後悔する／あとで悔やむ

過大評価しすぎる　➡過大評価する

すべてを一任する　➡一任する

昨夜来の雨　➡夜来の雨

炎天下のもと　➡炎天のもと

春一番の風が吹く　➡春一番が吹く

一月元旦　➡元旦

日本古来からの伝統　➡日本古来の伝統

231

第10章

「うまい」と言われる文章・7つの条件

MENU10 Expressive Power

「うまい」と言われる文章の条件⑦

「手垢のついた言葉」は避ける

　語彙が豊富な人は、慣用句にも精通しているものです。

　たとえば——

　むだ話などをして仕事を怠けることを「油を売る」と言います。

　疲れ切ってどうにもならない状態を「あごを出す」と表現します。

　慣用句を用いれば、くどくど書かずとも、一語で説明がつきます。簡潔かつ的確な文になり、読んで心地良いものです。

　しかし、文の随所に慣用句が登場すると、陳腐な印象になってしまいます。しかも、書き手の真情が伝わりません。

　使い古された紋切型の言葉を使わずに、いきいきとした思いが伝わるようにするにはどうしたら良いでしょうか。

　私だったらこうする、と思いつくままにやってみました。相変わらず陳腐で、下品な表現もありますが、どうか大目に見てやってください。

抜けるような青空
➡底抜けに明るくて、笑っちゃいたくなるような空

白魚のような手　➡ピアノのお稽古をして育ったお嬢さんのような手

目に大粒の涙　➡目が痛がるほどデカい涙

走馬燈のように駆け巡る　➡きりなく再生してエンドレス

232

いやな顔ひとつせず　➡ムスッもブチ切れもせず

うれしい悲鳴をあげて　➡喜びのアドレナリン全開で

対応におおわらわ　➡対応に一心不乱どころか半狂乱

がっくり肩を落とす　➡急になで肩になって、しぼむ

大金をポンと投げ出す　➡金の力を借りて、いいとこ見せる

首を長くして待つ　➡早く来い、と念じながら待つ

道ゆく人はみなコートの襟を立て　➡寒くてやってらんない

日夜努力を重ねたにもかかわらず
➡それなりに頑張ったつもりなんですけどねえ

いかなる理由があろうとも　➡言い訳なんか通用しない

〜とみる向きもあるようだが
➡異論のあることは承知しているけれど

今後の成り行きが注目される　➡この件、忘れちゃいけないのよね

〜と思う今日このごろである　➡近頃の心境はそんなとこかな

付録

Appendix
Elaboration

文章を書いたあとは
必ず「推敲」を

　文章は1文ずつしっかりと組み立てることが大事ですが、最初は間違いだらけの文でも構いません。

　誤字脱字や「て・に・を・は」の誤用、主部と述部のねじれなどは、推敲の段階で修正することができます。

　ですから、どうぞ安心してください。肩の力を抜いてリラックスしましょう。血の巡りが良くなり、頭も冴えてきます。

　ご参考までに、私が大事にしている5つのポイントを挙げます。

Point1

・考えながら書き、書きながら考える

　頭にアイディアが浮かんだら、フレッシュなうちに書き留めておきましょう。箇条書きも良いと思います。メモをとる要領で、どんどん書き記していきましょう。

　そして、思いつくままに、自由に、書き進んでいきましょう。ひとつのことを語りきらぬうちに、次の話題に飛ぶことがあってもいいのです。

　私は最初にじっくりと考えをまとめてから書くのではなく、考えながら書き、書きながら考えています。私には、そんな書き方が合っているようです。

　ペンで書いても、パソコンで書いても良いのですが、とにかく手を動かすことが大事です。手を使うと、頭の働きも活性化するようで、次第にすらすらと言葉が出てくるようになります。

234

Point2

・書く、削る、並べ替える

しばらく書き進んだら、全体を眺めてみましょう。

思いつくままに書き散らしたものならば、順序などメチャクチャで、話が行ったり来たりしているかもしれません。

それを冷静な目で見つめ、重複する箇所があるなら、思いきって削除しましょう。

そして、内容的に関連する文をまとめるかっこうで、配置しなおします。文の並べ替えは、筋道を立てて論じるために不可欠の作業です。

そうした作業を行ないやすくするために、私はいつもパソコンで書いています。コピー＆ペースト機能を活用すれば、簡単に文の並べ替えができます。

Point3

・段落を整える

別の話題に移るときは、必ず改行をします。そのようにして、いくつかの段落をつくっていきます。

段落の中では、その段落全体が表す考えとまったく関係のない文を入れないようにします。

段落の長さを調整する工夫も必要です。極端に短い段落があると、文章の流れるリズムが狂ってしまいます。逆に、段落が長すぎると、読者は要点を捉えにくいでしょう。

1つの段落として適度な長さは、紙の書籍でいうと、4行から10行程度です。

235

Point4
・最も主張したい部分に力点を

　内容あってこその文章です。自分の論に自ら反論を加えたり、その反論にさらに反論したりするのも必要なことです。

　そうした書き方をしているうちに、一番言いたかったことが見えてきます。そこに力点を置いて述べていくと、論旨が明確になり、内容の充実をはかることができます。

Point5
・書いたあとは必ず「推敲」を

　文章を作成するうえで一番大切な作業は、書いたものを見直し、より良い原稿にするために手を加えることです。これを「推敲」といって、作家やライターが最も力を注ぐポイントです。

　読む人の身になって読み、わかりにくい箇所や誤解を招く表現がないか、厳しい目でチェックしましょう。誤字脱字、「て・に・を・は」の誤用、主部と述部のねじれも、この段階で一つ残らず修正しましょう。

　誤字、語句の誤用の修正に関していうと、確信がもてない箇所では必ず、国語辞典を引いて確認してください。パソコンで執筆する場合は、画面上に常に辞書を開いておくととても重宝します。

恋愛スイッチをオンにする文章

　話し方の素敵な人が好かれるように、素敵な文章もまた人を惹きつけ、恋愛勃発の可能性を高めます。

　あなたの文章を読んだ人が思わずドキッとして、「もっと読みたい。もっと、もっと」と追い求めてくるようになったら、どんなに気分がいいだろうと思いませんか。

　気になる相手がいるなら、文章で恋を仕掛けてみましょう。ラブレターを書こうというのではなく、ただ一言で恋愛モードに誘いこむのです。

　あなたが女性だとして、男性から「その服、いいね」「似合ってる」と言われたら、相手がどんな人であっても、悪い気はしないでしょう。「私の良さをわかってくれる人」「幸せにしてくれる人」「この人となら、いいかも」と気持ちが傾いていくのではと思います。

　男性の場合も、「頭いいのね」「かっこいい」「頼りにしてるわ」と女性に言われたら、やはりうれしいものでしょう。女性のほうにその気があってもなくても、「彼女、俺に気がありそうだ」とポジティブに（または自分に都合よく）解釈し、その女性を恋愛対象として意識しだすでしょう。

　自分を認めてくれる人、自信を与えてくれる人を好きになってしまうというのは、これはもう、とめようのないことです。男性も女性も、褒め言葉に弱いのです。

　恋愛スイッチをオンにする秘訣は、さりげない褒め言葉をプレゼントすることです。面と向かって言うことはできなくても、メールやSNSでなら、照れずにできますね。

おわりに

他人が書いた文をリライトすると、
文章の達人になれる!

「明快に」「伝わるように」書くには、どんなことに気をつければ良いのか。私がそのコツを掴むことができたのは、人が書いた原稿をリライトする仕事を得たおかげです。

書き直しを要請されるくらいですから、それらの原稿は、全編を通して文意を汲み取りにくい、「残念な文」のオンパレードでした。

理解できないのはなぜなのか、を考える。リライトの作業はそこからスタートします。

わかりづらいのは、説明が不足しているから?

あるいは、説明が長すぎるために混乱を招いているのか?

そうでなければ、話のどこかに矛盾があるのか?

原因が特定できれば、改善の方向が見えてきます。

そのようにして、難文を読み解く作業と、よりわかりやすい文章に書き換える作業とを併行していくわけですね。

「読む」と「書く」とでは頭の使い方が異なるため、一度にやろうとすると、やはりむずかしく感じられます。それでも、慣れればどうってことはありません。

「わかりにくい箇所を見つけて、わかりやすい表現に改めるのだ」と目的意識を持つと、ごく自然に、「読む」と「書く」とを同時進行することができるようになります。

かつて経験しなかったことに着手すると、脳に新たな思考回路が

238

形成されるようです。おかげで情報処理能力が高まり、思いのまま
に言葉を操ることができるようになっていくのだと思います。日常
会話も達者になり、ややこしいことをわかりやすく説明できるよう
になります。(私の場合は、とりあえず「当社比」ですが、以前の
自分よりも成長したことはたしかです。)

　ですからみなさんもリライトの職に就きましょう……というので
はなく、頭の中でリライトに相当することをやってみて、それを習
慣化してはいかがですかとおすすめしたいのです。
　他人の文章のあら探しをして、どこをどう改善すれば良くなるの
かを考える。それだけで頭が冴え、説明上手になり、文章の達人に
なっていく!
　これはやらなきゃ損というものでしょう。あなたもぜひ、挑戦し
てください!

著者

安藤 智子（Ando Tomoko）

作家・ライター。横須賀出身、横浜在住。慶應義塾大学文学部卒業。広告コピーライター、雑誌記事ライターを経て、2000年より書籍原稿ライティングに従事。編集協力＆原稿代筆の実績は50冊以上、販売部数累計約200万部。近年は、ライトノベルの原稿リライトも手がけるほか、本を出したい人を対象とする文章術セミナーの講師を務めるなどマルチな活動を展開。

連絡先メール　newtomoko@mopera.net
ホームページ　http://andotomoko.com/

言いたいことが伝わる
上手な文章の書き方

| 発行日 | 2015年 11月 25日 | 第1版第1刷 |

著　者　　安藤　智子

発行者　　斉藤　和邦
発行所　　株式会社　秀和システム
　　　　　〒104-0045
　　　　　東京都中央区築地2丁目1-17　陽光築地ビル4階
　　　　　Tel 03-6264-3105（販売）　Fax 03-6264-3094

印刷所　　図書印刷

©2015 Ando Tomoko　　　　　　　　　　　　Printed in Japan

ISBN978-4-7980-4492-7 C0030

定価はカバーに表示してあります。
乱丁本・落丁本はお取りかえいたします。
本書に関するご質問については、ご質問の内容と住所、氏名、電話番号を明記のうえ、当編集部宛FAXまたは書面にてお送りください。お電話によるご質問は受け付けておりませんのであらかじめご了承ください。